로마네스크 건축

Architect **Jong-Soung Kimm's** 건축가 김종성

Romanesque Architecture

Photo Essay Germany and Belgium

Wasmuth

Contents

차 례

Preface

The enduring significance of powerful forces in society such as religion and politics is best sensed in the edifices that these forces commissioned; in the case of Christianity and the concomitant European feudal society their power is documented in monasteries and convents, churches, abbeys and cathedrals. These were constructed with an extraordinary level of personal and spiritual commitment, encouraged by the promise of a better afterlife for those engaged in the construction process, using a level of dedicated skill and enduring materials that matched the clients' monumental ambitions for being remembered for as long as possible. If in the enlightened late 20th and early 21st centuries it is opulent museums and concert halls that are the objects of desire and vanity of rivaling clients, then a millennium ago it was buildings for religious institutions. It was bishops and princes then, it is curators and mayors today.

While a book such as this could be regarded as yet another document with magnificent photographs, the reader might briefly consider what kind of buildings were known by the general masses and which were in existence at the time of these sacred edifices. From the perspective of the sated 21st century, there are few architectural objects that can impress us. But a thousand years ago, even palaces rarely included halls as tall and long as the naves and transepts of these cathedrals. So, these lofty structures, still imposing to many observers of the 21st century, must have struck the people at the time of their construction like no other comparable human feat. They must have appeared as close to a miracle as an act of God.

The Romanesque period marks the first mature phase of Christianity, in which the preceding vertical elements such as belfries and domes

소개의 글

종교나 정치같은 한 사회의 거대한 힘의 영속적 의의의 표현은 이러한 힘이 위촉한 건축에서 잘 느낄 수 있다; 기독교와 그에 연결되는 유럽 봉건사회의 경우, 그 힘은 수도원과, 수녀원과, 교회와, 대성당이 표상하고 있다. 이 건축은 건설에 참여하는 모든 이는 영생을 보장받는다는 믿음에 힘입고, 또 영원히 기억되기를 갈망하는 독지가의 큰 야망에 걸맞은 최고의 기량과 가장 영구적인 재료를 구사하여, 엄청난 수준의 개인적, 정신적 열정으로 지어졌다. 세속적인 20세기 후반과 21세기에 서로 경쟁해서 짓는 라이벌 건축주들의 소망과 허영의 대상이 거창한 뮤지엄 과 콘서트홀 이라면, 일 천년 전에는 기독교의 영광을 위한 종교건축을 이룩하는 것이 그 시대의 소망이었다. 그 때의 건축 주는 대주교와 귀족들 이였고, 지금의 건축주는 뮤지엄 관장이나 큐레이터, 또는 도시의 수장들이다.

이 책이 또 하나의 멋 있는 사진들로 채워진 도서라고 생각될지 몰라도, 독자는 이 성당들이 세워졌던 시대에 어떠한 건물들이 지어졌으며, 또 어떤 건물 들이 일반 사람들에게 알려졌을까 생각해 볼 만하다. 21세기의 질릴 만큼 질린 시각에서 우리에게 깊은 인상을 심어줄 수 있는 건축은 아무것도 없다. 하지만 천년 전에는 궁전도 여기에 수록된 대성당의 네이브나 트랜셉트 처럼 높고, 또 긴 공간이 없었다. 21세기의 보는 이에게 아직도 웅장하게 보이는 이 대성당들은 건설되었을 그 시대에는 인간의 어느 성취보다도 위대하게 비쳤을 것이다. 그것은 하느님의 기적 같이 보였을 것이다.

로마네스크 시대는 기독교의 제일 먼저 성숙기를 구획하는데, 이 전 초기 기독교 양식 시대의 바실리카 형의 단순한 수평적, 선형적 공간이 새로이 도입된 트랜셉트의 탑과 돔 같은 두드러진 수직 요소들과 융합되는 양식의 시대이다. 이리하여 성당내부공간에서의 직선적 종교의식의 틀에, 외관의 시각적 다양성과 실내의 음향의 현장감이 성당건축에 가미된다. 현 시대에도 이 대성당들이 과시하는 엄청난 외관과 높이는 주위를 압도하며, 천년 세월에 아직도 잔존하는 유일한 구조물이며, 주변의 다른 건물들은 지난 두 세기 사이에 지어졌을 뿐이다.

above the newly introduced transepts. Thus, to the linear processional ritual of the interior was added the external visual and acoustic presence of the church. To this day, their extraordinary volume and height has secured them the dominance over their surroundings, these religious edifices are the sole survivors from a thousand years ago, all their neighbors will have been built in the last two centuries.

The configurational additions to the simple basilica type that occurred during the Romanesque period such as the *Westwerk* or the various spires, as well as the ambitions to construct taller naves on the basis of the ever more slender and therefore daring stone masonry, not only transformed the building's components from walls and columns into skins and ribs, but also changed the architecture's character from a classic tectonic – that is bound to the Roman traditions – into something entirely new, that was to be the organic Gothic. While the continuous flat walls in the Early Christian basilicas and to some extent in the Romanesque churches (for example the Abbey Churches St. Servatius in Quedlinburg, St. Cyriakus in Gernrode and of St. George in Reichenau-Oberzell) still accentuated the horizontal movement of the religious processions, Gothic cathedrals transgressed the bond with the earth, instead setting the observer's eyes and spirits skywards. St. Peter of Worms shows how the bundling of pillars in its nave gives a foretaste of subsequent Gothic articulations.

In comparison with their extramural Early Christian predecessors, the Romanesque churches were built at the centre of the town. Next to the domestic structures, at the time of their completion these churches not only dominated their immediate neighbors, they were visible from well outside the walls of the towns, crowning them. The typical composition of a tall cathedral surrounded by a huddle of small houses and protected by a wall embodied the very idea of the European city. This silhouette was indelibly associated with medieval urban culture, impressing itself in the minds for over forty generations, so much so that in the immediate aftermath of the First World War, German architects sought to emulate the traditional city's crown, hitherto constituted by the cathedrals, with their *Stadtkrone* designs for the new, profane communal institutions.

Today, many visitors or users of these masonry monuments blissfully enjoy their generous

단순한 바실리카 형 성당에 로마네스크 시대에 와서 첨가된 웨스트워크, 첨탑 같은 구성요소들과, 더 가냘프고 대담한 석 축 기법으로 더 높고, 웅장한 네이브를 지으려는 야심이 합쳐져서, 건축의 구성요소는 벽과 기둥에서 리브와 표피로 진화되었을 뿐더러, 건축의 성격 자체가 로마시대 건축의 전통에 입각한 고전적 구축기법에서 완전히 새로운 것, 유기적 고딕 양식으로 바뀌었다. 초기 기독교 양식의 성당들과 어느 의미에서는 로마네스크성당들(예컨대, 크베들린부르크의 성 세르바티우스나, 게른로데의 성 시리아쿠스, 또는 라이헤나우-오버첼의 성 게오르그)이 아직도 종교의식의 수평적 이동을 강조했다면, 고딕 대성당들은 대지에 긴결 된 고리를 끊고, 보는 이의 시선과 영혼을 하늘로 향하게 하였다. 보름즈의 성 베드로 대성당의 네이브에서 보는 작은 기둥들의 묶음이 후에 발전되는 고딕양식의 건축적 분절의 전조를 암시하고 있다.

도시의 성밖에 세워졌던 초기 기독교 양식 성당들과 대조되게, 로마네스크 성당들은 도시의 한 가운데에 세워졌다. 주거건물에 둘러 쌓여서 이 성당들은 완성되었을 때에 주변을 압도하였을 뿐 아니라, 도성 밖에서 멀리서도 보여서 한 도시의 정상을 이루었다. 성벽으로 보호되고, 자그마 한 건물들로 에워싸인 대성당의 그림이 유럽 도시의 이상형 그 자체를 이뤘었다. 이 실루엣이 중세의 도시문화를 마흔 여 세대 동안 사람들의 머리에 깊이 각인하여, 1차 세계대전이 끝난 후에 독일의 건축가들은 이제껏 대성당이 차지했던 도시의 중심을 새로 지어지는 세속적 공공시설의 Stadtkrone (도시의 관) 디자인으로 대신하고자 노력하였다.

오늘날 이 석조 기념물을 방문하고 사용하는 이들은 너그러운 공간감, 보호받는 아늑함, 신성한 음향, 다각적으로 스며드는 빛, 견고한 건축을 향유하고, 축복받는다. 이러한 특징은 이들 성당 만이 갖는 독특한 성격이다. 거대한 석제로 지어진 두꺼운 벽 덕분에, 여기에 수록된 성당들은 화재, 전화, 폭격을 견디어 내었다. 지난 수십년 사이에, 대부분의 성당들은 공 드려서 수리되고, 재건되고, 여러 형태의 "본래의" 모습으로 복원되었다. 이러한 유지보수 계획으로 인하여 많은 성당들은 연속되는 공사장이 되였었다. 19세기와 20세기 초에 성당들이 겪은 무관심은 이제 다행이도 더 이상 용납되는 활동방식 (modus operandi) 이 될 수 없다. 실제로, 성당들의 건설과정에 관한 연속적인 고고학적, 건축적 연구는 복원에 최적의 재료와 공법을 활용하도록 돕고 있다.

히스토리오그라피(historiography사료편찬학)는 건축적 시대를 초기 기독교, 로마네스크, 또는 고딕으로 구분하지만, 이 책에 수록된 대성당들 사진과 설명하는 글을 자세히 읽으면, 자연재해 든, 인간에 의한 원인이든, 여러 겹의 변화와, 증축이든, 축소 든, 변형 이든, 개선 이든, 변형 또는 복원의 켜가 겹쳐 있는 것을 알 수 있을 것이다. 이러한 역사적

expanse, their sense of protection, their hallowed acoustics, their omnidirectional lighting, and their constructional solidity. Indeed, many of these qualities are unique to these buildings. Built of large pieces of stone, many of the churches presented in this book only survived the ravages of fires, conflagrations and bombings thanks to their massive walls. Over the course of the last decades, most of these churches have been painstakingly repaired, reconstructed and maintained in a variety of "original" states. Given this maintenance regime, these churches have become ongoing building sites. The neglect that they suffered during the late 19th and early 20th centuries is thankfully no longer an acceptable *modus operandi*. In fact, the continuing archaeological and architectural research into their gestation is providing guidance regarding the application of appropriate craftsmanship and materials.

While historiography idealizes architectural periods such as the Early Christian, the Romanesque and the Gothic, close reading of both the cathedrals presented in this book as well as the accompanying descriptions will reveal the accumulated layers of interventions, whether of natural or human causes, of additions or losses, of alterations or renovations, of transformations or restorations. The full knowledge of such historical layers only serves to increase the awe and wonderment that an observer will have for these one-thousand-year-old sturdy and pensive witnesses of a period of early civilization during which certainty in belief and diligence in craftsmanship brought forth enduring monuments whose lives may well last yet another millennium.

April 7th, 2019, Berlin
Wilfried Wang

층의 깊은 이해만이 천년 나이의 든든하고, 말없는 옛 문명의 증인에 대한 경외와 존경을 자아내고, 신앙에 대한 확신과 장인정신의 결합이 영속적인 기념물들을 낳고, 이 건축들이 앞으로 천년을 더 이어 나갈 것으로 믿게 한다.

베를린, 2019년 4월 7일
빌프리트 왕

Introduction

책 머리에

The present volume is a photographic essay of Carolingian, Ottonian and Romanesque architecture in Germany and Belgium captured through an architect's eyes. It is intended to illuminate the spatial relationships of constituent elements of Romanesque architecture, rather than serve an architectural history narrative. The texts are intentionally kept concise, but adequate to describe specific architectural strategies of master builders, or spatial phenomena that are experienced by contemporary visitors.

The term Romanesque architecture made its appearance in architectural literature in the early 19th century, first in the German, French and Spanish languages, and it refers to the style of architecture, which developed after the gradual demise of the Classical Antiquity. It had its beginning in the Early Christian, Byzantine and Carolingian architectures. As the word stem implies, the origin of the term is rooted in the Roman masonry architecture. Hence, *Romanik* architecture in German, or *architecture romane* in French.

The Carolingian empire nurtured the yet undefined embryonic style, which began to define itself when the Carolingian world order was split into French and German civilizations in the 9th century. In the center of the Ottonian empire which succeeded the eastern half of the Carolingian empire, the emperors, nobility and the clerics in the courts played an important collective role in bringing into existence what is now understood as the Ottonian style.

By commissioning the Imperial Cathedrals *(Kaiserdome)* of Speyer, Mainz and Worms the Holy Roman Emperors of the Salian (aka Frankish) dynasty have played as significant a role as those of the Ottonian empire in the development of the Romanesque architecture on present-day German soil, especially in the Rhine river valley.

이 책은 한 건축가의 시각에서 이해한 독일과 벨기에에 있는 카롤링거(Carolingian), 옷토(Ottonian), 로마네스크(Romanesque) 양식 건축의 사진 수필이다. 건축사적 서술이라기 보다, 로마네스크 건축의 공간구성요소들이 어떻게 융합되는가를 조명하고자 하는 것이 이 책의 취지이다. 설명하는 글은 간결하면서도 중세 건축가(master builder)의 디자인 전략과, 현시대 방문객이 체험할 수 있는 공간적 현상을 충분히 묘사하도록 의도하였다.

로마네스크(Romanesque) 건축 이란 용어는 19세기 초에 먼저, 독일, 프랑스, 스페인 건축문헌에 나타났었고, 고대문명(Classical Antiquity)의 소멸 후에 점차로 태어난 건축양식을 뜻한다. 그 기원은 초기 기독교(Early Christian) 양식, 비잔틴(Byzantine) 양식과 카롤링거(Carolingian) 양식의 건축에서 비롯된다. 그 용어의 어원이 시사하듯, 로마문명의 조적 건축에서 로마네스크 양식의 기원을 찾을 수 있으며, 때문에 독일어에서는 *Romanik* 건축, 프랑스어에서는 *romane* 건축이라 불린다.

카롤링거 제국이 아직 형식이 굳혀지지 않은 유년기의 이 양식을 성장시켰고, 9세기에 카롤링거 세계가 프랑스와 독일 권 문명으로 분리됐을 때에 로마네스크 양식은 그 실체를 나타내기 시작하였다. 카롤링거 제국의 동쪽을 세습한 옷토 왕국의 중심에서는, 황제, 귀족계급, 궁정에 봉사하던 교직자들이 공동으로 지금 옷토 양식(Ottonian style)이라 이해되는 건축을 태어나게 하는데 중요한 역할을 하였다.

슈파이어(Speyer), 마인츠(Mainz) 와 보름즈(Worms)의 황실대성당(*Kaiserdome*)을 창건함으로써, 살리어(Salian) 왕조, 일명 프랑크(Frankish) 왕조의 신성로마황제들은 지금 독일 땅, 특히 라인강 유역에 이룩된 로마네스크 건축의 발전에 옷토왕조의 주역들 못지않게 중요한 역할을 하였다. 라인 강 유역과 뫼스 강 유역은 황실대성당 외에도 중요한 성당들이 많이 지어졌다.

니벨(Nivelles)에 있는 생뜨 제르뜨뤼드(Sainte-Gertrude) 교우회 성당(collegiate church)은 현 벨기에 땅에 세워졌으나, 중요한 옷토 양식의 건축임으로 이 책에 포함하였다.

Aachen Palatine Chapel, 9th century octagonal dome

아헨 궁전성당, 9세기 팔각형 돔

Furthermore, there is a significant group of church buildings in addition to the *Kaiserdome* in the Rhine and Meuse river valleys.

As the collegiate church of Sainte-Gertrude in Nivelles is an important legacy of the Ottonian architecture, it is included in this essay in spite of its geographical location in present-day Belgium.

This book is a distillation of representative Romanesque architecture of just one region of Europe, captured by an architect's camera during many visits to the monuments. It is hoped that this is the first in a series that will eventually pay homâge to the great achievements of Romanesque building art in Europe encompassing Italy, France, Spain, Portugal, and the United Kingdom.

I wish to thank Dennis and PJ Aubrey who have founded the highly regarded blog Via Lucis, dedicated to Medieval art and architecture, and who graciously posted my guest entries over the years.

Lastly, I wish to express my gratitude to Mr. Ernst Wasmuth, the publisher; Dr. Sigrid Hauser, the editor; and Mr. Thomas Schmid, the book designer, for their painstaking efforts in bringing this work to fruition.

Spring 2019, New York City
The author

이 책은 여러 차례의 답사를 통하여 한 건축가의 카메라가 포착한 유럽의 단 한 지역의 로마네스크 건축의 대표적인 작품의 정수를 담은 것이라 말할 수 있다. 이 책을 시작으로 이탈리아, 프랑스, 스페인, 포르투갈, 그리고 영국 등을 포함한 유럽 여러 지역에 세워진 로마네스크 건축의 걸작들을 조명하는 시리즈의 다른 책들도 차례 차례 출판하는 것이 저자의 소망이다.

전문가들, 동호인들에게서 높이 평가받는 Via Lucis 블로그를 창설하여 많은 중세 건축 애호가들에게 영감을 주는 데니스, PJ 오브리 (Dennis, PJ Aubrey) 씨 내외가 지난 수년간 저자의 글을 게재하여 준 것에 대하여 이 자리를 빌어서 감사의 뜻을 전한다.

아울러 헌신적 노력 과 협조를 아끼지 않고 이 책이 태어나게 한 발행인 에른스트 바스무트 (Ernst Wasmuth) 씨, 편집인 지그리드 하우저 (Sigrid Hauser) 박사, 디자이너 토마스 슈미트 (Thomas Schmid) 씨에게 심심한 사의를 표한다.

2019년 봄, 뉴욕에서
저자

Gatehouse for a Benedictine Abbey in Lorsch (Hesse)

로르슈 베네딕트회 수도원 정문건물

One of the earlier examples of Carolingian architecture, if not the earliest, is the gatehouse for a former Benedictine abbey in Lorsch (between Worms and Darmstadt, Hesse), dating from 764 AD. It is remarkably intact today, belying its very early, mid-8th century origin. Although it has been called *Torhalle* (gatehouse), the structure appears to have been conceived as a freestanding building within a spacious forecourt serving the abbey, of which very little traces remain. Some scholars see a connection between the form of this structure and the Arch of Constantine, while others link it to the Propylaeum of the old St. Peter's Basilica in Rome. In either case, the Gatehouse shows the Carolingian tendency to glean inspiration from the glory of the era of Constantine. The Lorsch Gatehouse structure is two stories high with stair turrets on either side, and a very tall, steeply sloped, hipped roof. Unlike triumphal arches, however, only the outer walls of the structure are adorned with arches, and the underside of the upper story is framed with a flat ceiling between the outer walls. According to one account, at this upper story a chapel was located, dedicated to St. Michael, an element commonly found at the westernmost spot of the ground floor of an abbey for the archangel to ward off the evil spirit.

The Gatehouse façade with three arcade openings is punctuated by four semi-cylindrical engaged columns with composite capitals. A relatively thin architrave with a shallow relief above is also in evidence. Shorter columns with capitals that support the half-round arches are located on the inner faces of the arched openings. Fluted pilasters are placed over the architrave, with three bays per each arcade below, with Ionian capitals in very shallow relief. Beams placed in a zigzag pattern, rather than half-round blind arcades, straddle these pilasters. The wall surfaces are filled in with hexagonally- and square-shaped brown sandstone tiles using a Roman technique called *opus reticulatum*. Thus, the wall articulation for the upper story of the Gatehouse at Lorsch relies on the use of an *appliqué* – a "woven textile," as described by P. Frankl – unlike the lower story that has a structural expression comprised of columns and arches. The master builder quite ingeniously and perfectly worked out all the complex geometric tile patterns, so that there is no leftover space, and nothing is left to chance, including the incline of the zigzag beams at 60 degrees to correspond to the hexagonal tiles. It is a remarkable feat of design and construction.

카롤링거 건축의 가장 오래된 건물은 아닐지라도, 아주 오래된 예의 하나가 독일 헷세(Hesse) 주 보름즈(Worms) 와 다름슈타트(Darmstadt) 사이에 있는 로르슈 (Lorsch)에 764년에 지어진 옛 베네딕트회 수도원의 정문건물(gatehouse) 이다. 8세기 중반에 건설된 후 오랜 세월에도 불구하고, 이 건물은 지금까지 놀라울 정도로 옛 모습을 잘 간직하고 있다. *Torhalle* (정문건물을 뜻하는 독일어) 라고 불리 움에도 불구하고, 이 건물은 지금은 흔적만 남은 수도원의 넓은 전정에 놓였던 독립된 건물이었던 것으로 보인다. 어떤 건축사학자는 이 건물 디자인의 원천을 로마에 있는 콘스탄틴 개선문(Arch of Constantine)에서 찾으며, 또 어떤 학자는 로마의 옛 성 베드로 바실리카(Old St. Peter's Basilica)의 프로필래움(Propylaeum 로마 건축에서의 정문 구조물)에서 그 원천을 찾는다. 두 경우 모두 콘스탄틴 대제 시대의 영광에서 영감을 찾으려는 카롤링거 시대의 경향을 볼 수 있다. 로르슈의 정문건물은 양쪽에 계단 탑(stair turret)이 있는 높은 경사지붕을 한 이층 건물인데, 개선문구조와는 달리 바깥벽에만 아치가 있고, 바깥벽 사이 윗 층의 하부는 평 천정으로 지어졌다. 일설에 의하면 윗 층에는 성 미하엘 소예배실(St. Michael's chapel)이 있었는데, 중세시대에 수도원 부지의 서쪽 끝에 흔히 놓이는 구성요소로서, 대천사가 사악한 정령들을 몰아내기 위해서였다.

세 개의 아치로 구성된 정면은 복합 주두(composite capital)가 위에 놓인 네 개의 반원통형의 접합된 기둥(engaged column)으로 구성되며, 그 위에 얕은 음각으로 장식된 가는 평방(architrave)이 매듭지어 주는 것을 볼 수 있다. 아치 개구부의 안을 향한 면에는 반원 아치를 지지하는 짧은 기둥들이 배치되어 있다. 수평 평방위로 아래 아치 개구부 하나 마다 세 개씩의 이오니아 주두(Ionian capital)를 갖춘, 아주 얕은 요철을 한 벽기둥(pilaster)들이 놓여있다. 반원 모양의 블라인드 아케이드 (blind arcade) 대신, 지그재그 모양의 구조가 벽 기둥 들을 결속한다. 외벽 면은 육각형과 정사각형의 갈색 돌로 오푸스 레티쿨라툼*(opus reticulatum)* 이라 부르는 로마시대 공법으로 채워져 있다. 이렇게, 로르슈 정문 건물의 상부 벽 디자인은, 기둥과 아치로 구성되는 아래층의 구조적 표현과 대조되게, 프랑클(Paul Frankl)이 묘사한 것처럼, 마치 직물이 엮이듯 아쁠리께(*appliqué*)에 의존한다. 건축가는 극히 재치있게, 또 완벽하게 모든 돌 부재의 기하학적 연관관계를 계산해 내서, 먼저 언급한 돌의 지그재그 보의 60도 경사까지도 육각형에 맞도록 하였다. 이것은 디자인과 시공의 주목할 만 한 융합이라 할 수 있다.

Detail of façade
외관 디테일

Romanesque and Modernism

Sophisticated and innovative advancements in politics, philosophy, the humanities, engineering, and military technique established the Roman Empire as the epicenter of civilization in the ancient world. Its power and magnificence were inversely proportional to the deep cavitation that ensued in western civilization when the Empire collapsed in 476 AD. However, the 500-year vacuum that followed witnessed significant societal evolution; it was a formative period during which a young Christianity found its way and victorious Germanic tribes claimed their geopolitical strongholds. These tribes, once amalgamated, fostered a continental ecosystem that nurtured a holistic return to a stabilized western world order.

The rapid absorption of Christianity as a new cultural and socio-political force set off immense reverberations in architecture. Beyond the obvious increase in the construction of churches and a rapidly growing new monastic culture, the *politicization of religion* stabilized and fortified territories, boundaries, and geopolitical assets. Emerging nation-states with defined boundaries began to demand defensive and connective physical infrastructures. As the feudal system grew and became institutionalized, urban facilities such as city walls, fortresses, bridges, and political houses sprang up, each requiring its own architectural vocabulary. These vocabularies in turn constituted a new language, the language of the Romanesque, which in general relied on immense masonry structures and arches to span increasingly larger spaces, while staying flexible enough to adapt to different programs. Additionally, a new typology – that of the *tower* – became a ubiquitous presence in the architecture lexicon. As a symbol of political might, the tower's significance far outstripped its basic surveillance function. The raison d'être of the Romanesque thus consumed and encompassed all building typologies – from infrastructural battlements to religious monasteries and churches to institutions of political leadership, proving itself a stalwart and

로마네스크와 모더니즘

정치, 철학, 인문학, 엔지니어링과 군사력의 세련되고 혁신적인 발전이 로마제국을 고대사회의 마지막 문명의 중심으로 만들었었다. 로마제국의 비할 바 없는 웅대함과 세련됨에 반비례해서, 서기 476 년에 제국이 붕괴됐을 때에 서양문명을 괴롭힌 함몰의 깊이 또한 깊었다. 뒤따른 공백의 500년은, 그러나 유년기의 기독교가 뿌리를 내리고, 승리한 게르만족들이 그들의 지정학적 본거지를 차지하여, 이 두 현상의 융합으로 안정된 서방세계질서로 모두 회귀하는 대륙의 에코시스템을 생성하는 발효기간이 되었다.

새로운 문화적, 사회적, 정치적 세력으로서 기독교의 급속한 확산은 건축에 엄청난 반향을 일으켰다. 당연히 증가하는 교회의 건설과 급속히 팽창하는 수도원문화 외에도, 종교의 정치세력화는 영토 내지 판도, 경계선, 지정학적 자산을 안정시키고 보강하였다. 국경을 선포한 새로 형성된 국가들은 방어를 위한 연결된 하부구조를 필요로 하기 시작하였다. 봉건제도가 성장하여 제도화되면서, 성벽, 성채, 교량, 통치, 행정의 본거지 같은 시설과, 도로, 상하수도 같은 도시 기반시설이 새로운 건축 어휘를 필요하게 하였다. 집합적으로, 이 어휘들이 모아져서 새로운 언어, 로마네스크의 언어가 태어났는데, 그것은 주로 로마건축에서 유래하는 거대한 석축구조와 아치에 의존하여 점점 커지는 공간을 덮고, 여러 다른 기능들에 응용될 수 있게 유연하였다. 그뿐 아니라, 타워라는 새로운 타이폴로지가 건축 어휘에서 늘 볼 수 있는 요소가 되었다. 타워의 중요성은 정치적 힘의 상징으로서, 더 높은 관찰소 라는 기능적 이득보다 과장되었다. 그 결과, 로마네스크의 존재이유는 전투를 위한 축성같은 기반시설 기능에서 부터, 성당, 수도원 등의 종교시설, 통치를 위한 건물 등 모든 건물유형을 망라하여 건설하는 수단일 뿐 아니라 튼튼하고, 탄력 있는 기법으로 자리잡게 되었다. 그 뒤를 이은 고딕, 르네상스, 바로크, 그리고 신고전주의 시대 까지도 로마네스크에서 많은 유산과 DNA를 물려받았다. 로마네스크 건축의 근본적 타이폴로지는 다음 900년의 서양건축을 성격 지웠다 해도 과언이 아니다.

로마네스크 건축의 존재론적 의의는 초기 모더니즘의 기원과 병행해서 생각할 수 있다. 자타가 인정하는 프랭크 로이드 라이트, 르 꼬르뷔지에, 미스 반 데어 로에, 또는 알바 알토 같은 모더니즘 거장들은

resilient language. Indeed, the Gothic, Renaissance, Baroque, and Neoclassical epochs that came later owe a substantial portion of their DNA to the Romanesque. It is safe to say that Romanesque foundational typologies defined the next 900 years of western architecture.

The ontological significance of the Romanesque can be viewed in parallel to the onset of early Modernism. Acknowledged modern masters like Frank Lloyd Wright, Le Corbusier, Mies van der Rohe, and Alvar Aalto were inspired by the Industrial Revolution. Their collective intellect and creative genius were shaped during the 25-year long seismic collision between the Industrial Revolution and a burgeoning 19th century Neo-Classicism. These modernists embraced the totality of a new zeitgeist – with its fundamental changes to human behavior and social organizations, its technological sophistication, and the concomitant architectural reifications. This period strikingly resembles the Romanesque, during which socio-political changes coupled with advances in technology sparked a complete re-definition of an age. Therefore, it is not surprising that Jong Soung Kimm (who apprenticed with Mies van der Rohe and taught at Illinois Institute of Technology) would have a sublime but quixotic view of the Romanesque.

Mies van der Rohe sought an absolute new language that was as clear and disciplined as classicism. The semiotics of his language had the capacity to represent the zeitgeist in technology, social and political values, and contemporary programming. Jong Soung Kimm displays a forensic joy in identifying the shared elasticity and adaptability present in both the Romanesque and in Miesian Modernism – wherein intelligent, confident, and limited palettes of materials and spatial orders helped to establish baseline foundations for entire epochs.

Spring 2019, Los Angeles
Eui-Sung Yi

산업혁명에서 영감을 얻고 분발하였고, 팽배했던 19세기 신고전주의와 산업혁명의 4반세기 동안의 지진 같은 충돌기간에 새 싹을 텄다. 이 모더니즘 거장들은 새 시대정신의 절대성을 포용하였다; 인간행동의 절대적, 근본적 변화, 사회 조직, 테크놀로지, 그리고 궁극적으로 이러한 이념들의 건축적 형상화를 신봉하였다. 이러한 입장은 로마네스크와 일치한다. 즉, 사회적, 정치적 변화와 테크놀로지의 발전이 결합되어, 한 시대의 새로운 성격을 규정한다는 것이다. 때문에, 김종성 (그는 미스 반 데어 로에를 사사하고, IIT 일리노이 공과대학교에서 가르친 바 있다)이 로마네스크를 숭고하고, 이상적인 건축으로 보는 것은 놀라운 일이 아니다.

미스 반 데어 로에는 고전주의 못 지 않은 명료하고, 규율 있는 새 언어를 추구하였다. 그의 건축언어의 기호학은 테크놀로지, 사회적, 정치적 가치와 동시대적 프로그래밍의 시대정신을 표현할 수 있는 능력을 갖추었다. 김종성의 마치 탐정이 느끼는 것 같은 희열은 로마네스크와 미스의 모더니즘이 탄력성과 적응력을 공유한다는 것을 인식하는데 있는데, 그것은 이지적이고, 자신 있는 제한된 재료 팔레트와 공간적 질서가 한 시대의 기본원칙을 정의하는데 일조하였다는 사실이다.

2019년 봄, 로스앤젤레스에서
이의성

Westwork in Medieval Architecture of Germany

독일 중세 건축에 나타나는 웨스트워크

↑ 9th century Carolingian chapel

9 세기 카롤링거 소예배실

Imperial Abbey, Corvey (North Rhine-Westphalia). West façade

코르바이 황실수도원, 서측 정면

The term *Westwerk* was invented in the 19th century to describe what Carolingian writers referred to as castellum or *turris* (Roman fortlets or watchtowers), located at the west end of a church. It has been said that the Gatehouse at Lorsch might be one of the earliest works of Carolingian architecture. However, the Palatine Chapel in Aachen, with its westwork, is undoubtedly the

Westwerk 라는 건축용어는, 카롤링거 시대 저자들이 *castellum*, 또는 *turris* (로마시대의 작은 성, 또는 망루)라고 부른 성당의 서쪽 끝을 묘사하기 위해서 19 세기에 건축문헌에서 쓰여 지기 시작했다. 이 책의 앞부분에서 로르슈(Lorsch)의 정문건물이 카롤링거 양식 건축의 아주 오래된 예라고 서술하였으나, 웨스트워크가 갖추어 진 아헨(Aachen)의 궁전성당(Palatine chapel)이 카롤링거 시대의 가장 중요한 건축 작품임에는 의심할 여지가 없다. 궁전의 건설을 시작하면서 샤를마뉴는 그의 건축가 멧츠의 오도(Odo of Metz)에게 로마제국의 또 다른 수도였던 라벤나(Ravenna)의 산 비탈레(San Vitale 547 AD) 성당을 본 따서 지을 것을 지시한 것으로 전해진다. 아헨 궁전의 가장 중요한 요소 중 하나로 건설된 궁전성당의 웨스트워크는, 넓은 앞 광장에 면 하여 궁전성당 축 상에 배치되어 있고, 궁전의 내실에서 오는 고가 통로에 북쪽으로 연결되며, 남쪽으로 연장되는 고가 통로와 함께 광장을 구획했었다. 전형적 성당 웨스트워크와 아헨의 웨스트워크가 확실히 다른 점은, 바실리카 평면 성당의 서측 정면과 달리, 팔각형 평면의 한 변에만 연결되었기 때문에 아헨은 아주 좁다. 아헨의 웨스트워크는 또 좁은 전면에 두드러지게 움푹 패어진 면이 있는데, 이것은 서기 712년 후에 지어진 라벤나의 총독 관저(Palace of the Exarchs)를 연상시킨다. 정사각형 타워는 높이가 증축되고, 고딕시대에 와서 가냘픈 첨탑이 건설되어서 지금의 아헨 궁전성당의 웨스트워크 형태가 정착되었다.

노르트라인-베스트팔렌(Nordrhein-Westfalen) 주, 코르바이(Corvey)에 있는 황실수도원(Imperial abbey)은 9세기 초에 창건되어 현 프랑스 피카르디(Picardie) 지역, 코르비(Corbie)의 베네딕트회 수도승들에 의하여 정착되었다. 수도원 성당 자체는 17세기에 바로크 양식으로 변모했으나, 서기 873과 885년 사이에 지어진 코르바이의 웨스트워크는 현존하는 유일한 카롤링거 시대 유산이다. 그것은 일종의 수직으로 구성된 성당 그 자체인데, 일층은 세 베이 x 세 베이 정방형 평면의 굵은 정사각형 피어와 그로인 볼트(groin vault) 로 지어진 홀

Sainte-Foy, Sélestat (Alsace, France). West façade

셀레스타트, 생뜨 프와 성당, 서측정면

St. Kastor, Koblenz (North Rhine-Westphalia). West façade

코블렌츠, 성 카스토르 성당, 서측정면

St. Pantaleon, Cologne (North Rhine-Westphalia)

쾰른, 성 판탈레온 성당, 서측정면

most important work of Carolingian architecture. Upon commencement of the project, Charlemagne is said to have instructed his master builder, Odo of Metz, to study San Vitale of 547 AD Ravenna, another Roman capital. The westwork of the Palatine Chapel in Aachen, constructed as an integral element of Charlemagne's palace compound, is placed at the west end of the main axis of the Chapel, facing a spacious rectangular forecourt connected to and defined by an elevated walkway leading from the palace quarters. What is quite visibly different from a typical westwork is that, unlike that of a church based upon a basilica plan, the westwork at Aachen is rather narrow, because it is joined to only one side of an octagon. Its façade also has a prominent concave surface, reminiscent of the façade of the Palace of the Exarchs in Ravenna, built sometime after 712 AD. Additions of more height to the square tower, and a rather slender steeple built during the Gothic era, resulted in the present westwork.

The Imperial Abbey of Corvey in North Rhine-Westphalia was established sometime in the early part of the 9th century and populated by monks from a Benedictine abbey at Corbie in Picardie (present-day France). The abbey church itself had been transformed into a Baroque structure in the 17th century, but the westwork at Corvey, built between 873 and 885 AD, is the only Carolingian westwork extant today. It is built as a sort of vertically organized church: The ground level, a square plan of three bays by three bays, is built of sturdy square piers with groin vaulting, resembling a hall crypt, with the axial bay leading to the abbey church; the central section of the exterior wall of the westwork projects forward from the generally flat surface up to the tribune level; stairs on either side lead to that tribune level, where a partially restored Carolingian chapel gives us a glimpse of the space as it was conceived and originally constructed. The main west façade clearly shows where additional tower floors were built utilizing a different stone coursing during the 12th century.

The westwork at the Cathedral of SS. Petrus and Gorgonius at Minden, constructed in the first half of the 10th century, presents to us another important example of what a Carolingian westwork might have looked like, although a 12th century alteration has given it a markedly perpendicular emphasis.

Abbey Church, Murbach (Alsace, France). East façade

무르바흐, 수도원성당, 동측정면

크립트(hall crypt) 처럼 형성되고, 중심축상의 베이가 수도원 성당으로 연결된다. 웨스트워크 외벽의 중앙부는 전반적으로 평평한 벽면에서 트리뷴(tribune) 층까지 돌출되었고, 남쪽, 북쪽으로 계단탑이 트리뷴 레벨까지 연결된다. 그 층에는 부분적으로 복원된 카롤링거 양식의 9세기 소예배실이 창건되었을 때의 공간 모습을 가늠하게 한다. 서쪽에서 보는 전경이 12세기에 다른 석축공사로 타워 높이가 어디에서 증축된 지를 보여준다.

10세기 전반에 건설된, 민덴(Minden)에 지어진 성 베드로, 성 고르고니우스(SS. Petrus u. Gorgonius) 대성당의 웨스트워크는 카롤링거 시대의 웨스트워크가 어떠한 모습을 하였는지 또 하나의 중요한 예를 보여주는데, 12세기에 개조된 서측 정면은 두드러지게 수직을 강조한다.

게른로데(Gernrode)의 성 시리아쿠스(St. Cyriakus) 수도원 성당과, 힐데스하임(Hildesheim)의 성 고데하르트(St. Godehard) 대성당의 경우, 옷토

St. George, Limburg on the Lahn (North Rhine-Westphalia). West façade

림부르크 안 데어 란, 성 게오르그 성당, 서측정면

The westworks of St. Cyriakus in Gernrode and St. Godehard in Hildesheim each present a pair of cylindrical stair towers flanking a half-round western apse, one of the characteristic features of Ottonian architecture. Other notable examples of westworks in Romanesque architecture in Germany include St. Pantaleon in Cologne, Cathedral St. Peter of Trier, Cathedral St. Peter of Worms, Cathedral SS. Mary and Stephen of Speyer, St. Kastor in Koblenz, and St. Georg in Limburg on the Lahn. It would also be appropriate to include three Romanesque churches located in Alsace that incorporate significant westworks: Sainte-Foy in Sélestat; St. Etienne in Marmoutier; and finally, the abbey church of Murbach. The eastern façade of Murbach, with an impressive composition comparable to a true *"Westwerk,"* is a distinctly worthy contribution to this discussion.

양식 건축의 특징의 하나인 반원형 서쪽 앱스 양쪽으로 원통형 계단 탑이 배치된 모습을 보여준다. 독일 로마네스크 건축의 웨스트워크의 중요한 다른 예로는 쾰른(Köln)의 성 판탈레온(St. Pantaleon) 성당, 트리어(Trier)의 성 베드로(St. Peter) 대성당, 보름즈(Worms)의 성 베드로(St. Peter) 대성당, 슈파이어(Speyer)의 성모 마리아, 성 스테판(SS. Maria u. Stefan) 대성당, 코블렌츠(Koblenz)의 성 카스토르(St. Kastor) 성당, 림부르크 안 데어 란(Limburg-an-der-Lahn)의 성 게오르그(St. Georg) 성당 등이 있다. 여기에 알자스(Alsace) 지역에 있는 중요한 웨스트워크를 갖춘 로마네스크 성당 셋을 포함하는 것이 타당 하겠다: 셀레스타트(Sélestat)의 생뜨 프와(Ste Foy) 성당, 마르무띠에(Marmoutier)의 생 떼띠엔느(St.-Etienne) 성당, 그리고 마지막으로 무르바흐(Murbach)의 수도원 성당인데, 이것은 동쪽 정면이지만, Westwerk에 견줄만한 훌륭한 디자인을 과시하기 때문에 웨스트워크에 대한 이 글에 넣는다.

DEUS HOC TUTUM STABILI FUNDAMINE
VIVACIS COMPAGE LIGANTUR
PRINCEPS

Aachen Cathedral

***Aachener Dom*, North Rhine-Westphalia**

아헨 궁전성당

Charlemagne was crowned Roman Emperor on Christmas Day, 800 AD, inside the ancient St. Peter's Basilica in Rome. He had ruled over the Franks and Lombards from present-day France, but wished to relocate his seat of power further east, closer to where he had engaged the Saxons in ongoing battles for three decades. He chose Aachen (Aix-la-Chapelle) as his new capital, and had a palace designed that included a chapel. Construction of the new chapel commenced in 792 AD and the structure was dedicated in 805 AD by Pope Leo III in honor of the Saviour and Virgin Mary. Construction continued until 814 AD, the year of Charlemagne's death. An early inscription within the vault of the chapel's dome, handed down in a 10th century manuscript, contains the name of Odo of Metz, the chapel's master builder. Frankish scholar Einhard's biography of Charlemagne, written in the 9th century and first published in 1877, tells us that Odo was a learned man, quite possibly having read Vitruvius's books on Roman architecture.

Charlemagne's Chapel (also called Palatine Chapel), along with the elegantly proportioned two-bay Gothic nave and apse to the east which were constructed between 1355 and 1414, make up the present-day Aachen Cathedral, which is the seat of the Catholic archdiocese. Charlemagne, who had been to Ravenna three times, instructed his master builder to model the Chapel after San Vitale in Ravenna, with Roman columns, marble, mosaic tile, and bronze fittings imported from Rome and Ravenna on full display.

The Palatine Chapel is a very tall, two-story-high octagonal structure with a sixteen-sided ambulatory. It originally had a flat apse at its eastern end, as well as a spacious forecourt at its western entrance. The west elevation of Aachen Cathedral is relatively narrow, with a tall, arched, concave

서기 800년 크리스마스 날 샤를마뉴는 로마의 옛 성베드로 대성당에서 서로마제국 황제로 등극하였다. 그는 프랑크 왕국(Frankish Kingdom)과 롬바르디아(Lombardia)를 오늘날의 프랑스에서 통치하였었고, 30년 가까이 계속하여 전쟁을 해 온 색슨(Saxon)족과의 전투장에 가까이 수도를 동쪽으로 이전하기로 결정, 아헨(Aachen, Aix-la-Chapelle)을 선택하고, 궁전성당을 포함하여 궁전을 건설하였다. 성당의 건설은 792년에 시작되어, 805년에 그리스도와 성모 마리아를 기리는 성당으로 교황 레오 3세(Leo III)에 의하여 봉헌되었으며, 샤를마뉴가 서거한 814년까지 건설이 계속되었다. 10세기 문헌이 전하는 바로는 돔(dome)의 볼트(vault)에서 발견된 오래된 명각(inscription)에 성당의 건축가 이름 메츠의 오도(Odo of Metz)가 포함되어 있다. 1877년에 처음 발간된 사학자 아인하르트(Einhard)의 9세기 샤를마뉴 전기에 의하면 오도는 교육을 받은 사람이었고, 비트루비우스(Vitruvius)의 로마 건축에 관한 저서를 읽었을 것으로 기록하고 있다.

모체가 되는 9세기 초의 샤를마뉴의 궁전성당과 1355~1414년 사이에 중심축의 동쪽으로 지어진 수려한 비례를 가진 두 베이의 네이브(nave)와 앱스(apse)가 오늘날 아헨 대주교구의 본산인 대성당을 구성한다. 라벤나(Ravenna)에 세 번이나 원정 했던 샤를마뉴는 건축가에게 그 도시에 있는 산 비탈레(San Vitale) 바실리카를 본 따서 궁전성당을 짓도록 지시하였고, 로마와 라벤나의 옛 건축물에서 수거한 건설에 소요되는 대리석, 모자이크 재료, 청동 장식품, 로마시대 기둥들이 아헨 대성당건축에 활용되었다.

궁전성당의 중심은 16면의 회랑(ambulatory)으로 둘려 쌓인 높은 2층 높이의 팔각형 구조이며, 처음에 건설되었을 때에는 동쪽에 직각의 앱스가 있었고, 성당 서측 정문 앞에 넓은 광장이 배치되어 있었던 것으로 기록되어 있다. 아헨 대성당의 서쪽 입면은 비교적 폭이 좁고, 정문위로 반원 아치로 상단이 마감된 움푹 패어진 부분이 있는데, 라벤나의 총독 저택(Palace of the Exarch)을 연상시킨다. 정문의 북쪽과 남쪽으로는 반 원통형 계단 탑(stair turret)이 배치되었고, 고딕 양식의 높은 첨탑이

Nave interior from west

서쪽에서 보는 네이브 전경

9th century octagonal dome from west

서쪽에서 본 9세기 팔각형 돔

recess. It is vaguely reminiscent of the Palace of the Exarch in Ravenna, with half-round stair turrets on either side surmounted by a tall Gothic tower. The general view from the south shows the exterior masonry of the sixteen-sided ambulatory and the octagonal clerestory level topped with an elaborate roof over a double-shell dome. To the right is the 18th century Hungarian Chapel, with the view from southeast showing the two-bay Gothic nave and the Chapel of St. Matthew, constructed at about the same time.

그 위에 놓여있다. 남쪽에서 본 외관 전경은 낮은 부분에 16면의 회랑(ambulatory)의 외벽, 팔각형 내부공간의 고창(clerestory) 부분의 외벽과 그 위에 얹힌 이중구조 돔의 정교한 지붕을 보여준다. 오른쪽으로 18세기에 증축된 헝가리 소 예배실(Hungarian Chapel)이 있고, 동남방향에서 본 외관은 두 베이 길이의 고딕 네이브(nave)와, 같은 연대의 성 마태 소 예배실(St. Matthew Chapel)을 보여준다.

비교적 짧은 현관(narthex)을 지나서 방문객이 대성당에 들어서면, 아래층 아케이드의 대리석으로 마감된 아치들이 시야에 들어온다. 팔각형의 안

→ West façade

서측정면

→ Charlemagne's marble throne on tribune level

트리뷴 층에 놓인 샤를마뉴의 대리석 왕좌

View of 15th century nave from west

서쪽에서 보는 15 세기 네이브 전경

Upon entering Aachen Cathedral through its relatively shallow vestibule, visitors see marble-clad arches of the ground floor arcade. At the eight inside corners of the octagon very sturdy piers are placed that continue up to the spring of the dome. If not for the variegated marble cladding describing half round arches, it would be accurate to say that there are eight arched openings punched out in an octagonal drum. A substantial cornice defines the double-height gallery level above. The dome is covered with a mosaic mural that depicts twenty-four elders of the Apocalypse bearing crowns and standing around the base of the dome, and Christ in Majesty occupying the cardinal axis of the dome. The mosaic is an 1881 re-working of the original iconography that was damaged in a major fire.

Looking inside the Gothic nave and apse is akin to gazing into a glass lantern. The height - at 32 meters - and the amount of stained glass area

모서리에 돔의 시작점까지 높이 올라가는 든든한 기둥(pier)들이 배치되어 있는데, 두 가지 빛깔의 대리석이 반원 아치들을 부각 시키지 않았더라면, 팔각통 모양의 공간에 여덟 개의 반원아치 모양 개구부를 도려냈다고 표현하는 것이 더 정확할 것이다. 아래층 아케이드와 아주 높은 위층 갤러리 사이에는 제법 두꺼운 코니스(cornice)가 두 레벨을 시각적으로 구획하여 준다. 돔의 안쪽 면은 요한 계시록의 왕관(crown)을 쓴 스물넷 원로들(elders)을 묘사하는 인물상들을 돔 아랫부분에 배치하고, 동쪽 축에 그리스도의 초상을 배치한 모자익으로 장식되었는데, 이것은 대형 화재로 인하여 오리지널 모자익이 훼손된 후, 1881년에 원형 도상(iconography)을 다시 제작한 것이다.

고딕 네이브와 앱스의 내부광경은 마치 유리 등루(lantern)를 보는 것 같다. 32미터의 천정 높이와 방대한 스테인드글라스의 면적은 15세기 초로서는 괄목할 만하다. 증축을 수행한 건축가는 틀림없이 파리의 생뜨 샤펠(Sainte-Chapelle)을 모델로 디자인을 한 것을 알 수 있다.

View of Gothic vaulting of the 15th century nave

15 세기 네이브의 고딕 볼팅 광경

are impressive for an early 15th century structure. The master builder clearly intended to emulate the Sainte-Chapelle in Paris.

The octagonal Chapel, though it may have been modelled after San Vitale in Ravenna, projects a very different sensibility. In place of the immaterial ambience of San Vitale is a sensuous, tactile environment, extroverted and Roman in spirit. While San Vitale is Byzantine, the Chapel at Aachen is the product of a new architecture of the West. It is a uniquely Carolingian architecture. Aachen Cathedral was inscribed on the UNESCO World Cultural Heritage register in 1978, and is one of the earliest structures in Germany to be so designated.

아헨의 팔각형 궁전성당은, 비록 라벤나의 산 비탈레를 본 뜬 건축일지라도, 확연히 다른 감각의 공간을 투사한다. 산 비탈레의 비물질적 공간감은 이 성당에서는 더 경험할 수 없고, 그 자리에는 실체적이고 거의 촉각으로 느낄 수 있는, 외부 지향적이고 로마건축의 정신이 깃든 공간을 체험하게 된다. 산 비탈레는 비잔틴 건축이고, 아헨의 궁전교회는 새로 태어난 서양건축, 이름 지어 카롤링거 양식 건축의 산물이다.

아헨궁전성당은 1978년에 독일에서 제일 일찍 UNESCO 세계문화유산으로 등재된 건축에 포함되었다.

Aachen Cathedral

아헨 궁전성당

0 50 M

N

Saint Michael's Church
***Michaeliskirche*, Hildesheim (Lower Saxony)**

힐데스하임 성 미하엘 성당

↑ Example of classic *Niedersächsischer Stützenwechsel*

전형적 니더작센 기둥 바뀜의 모습

View of nave interior from east

동쪽에서 보는 네이브 전경

Situated on the Michaelishügel at the western edge of the historic core of Hildesheim, St. Michael's Church *(Michaeliskirche)* was built between 1010 and 1031 for a Benedictine monastery. Bishop Bernward of Hildesheim, a tutor and adviser to Emperor Otto III, founded the monastery and is believed to have had a strong influence on the architecture of the church. Bernward travelled to Rome in 1001 as part of Otto's entourage, and stayed in Otto's palace near the Early Christian basilica of Santa Sabina on the Aventine hill.

St. Michael's Church has both eastern and western chancels as well as two transepts. Square towers at both the east and west crossings and

중세 도시 힐데스하임(Hildesheim) 구도심 서쪽에 있는 미하엘 언덕(Michaelshügel)에 자리 잡은 성 미하엘 성당*(Michaelskirche)*은 1010~1031년에 베네딕트회 수도원 성당으로 지어졌다. 옷토 3세(Otto III) 황제의 어린 시절 교사이자 조언자였던 힐데스하임의 베른바르트(Bernward) 주교가 이 수도원을 창건하였고, 그는 이 수도원 성당 건축에 큰 영향을 미친 것으로 전해진다. 베른바르트 주교는 1001년 신성로마제국 황제로 즉위한 옷토 3세의 일행으로 로마를 방문했는데, 일행은 아벤티노(Aventino) 언덕에 있는 초기 기독교 양식의 산타 사비나(Santa Sabina) 성당 근처 옷토 황제의 궁전에 머무른 바 있다.

성 미하엘 성당에는 동·서에 2개 성단소(chancel)와 2개 트랜셉트(transept)가 있고, 정사각형 탑이 동쪽과 서쪽 크로씽에, 원통형 계단탑(stair turret) 4개가 트랜셉트 끝에 배치되어 있다. 이 탑들은 동·서의 반원통형 앱스(apse)와 함께 조각적· 역동적· 입체적 조화를 이룬다. 이 성당의 평면구성은 독특하다. 2개 정문을 모두 남쪽에 배치하여 남쪽 아일(aisle)이 실내 나르텍스(narthex) 기능을 한다. 성당의 각 요소들은 수학적 치수관계로 구성되어서, 네이브(nave) 길이는 정사각형 탑 한 변 정사각형 길이의 3배, 아일 폭은 네이브 폭의 약 2/3이다. 또한 정사각형 피어(pier)는 네이브 길이의 1/3 지점 정방형의 모서리마다, 피어 사이에는 매우 단순한 주사위 모양 주두(cuboid capital)를 얹은 원형기둥(column) 2개가 배치되어, 피어와 원형기둥 둘이 교대로 배치된다. 이것은 니더작센(Niedersachsen) 지방에서 보이는 옷토 양식(Ottonian style) 로마네스크 건축의 특징이고 (니더작센 3축 기둥 바뀜 *Niedersächsischer Dreiachsiger Stützenwechsel)* 이라 불린다.

크립트(crypt) 위에 건조된 서쪽 성단소에서 동쪽을 바라보는 네이브 광경이 이 성당의 복잡한 내부공간구성을 잘 보여준다. 서북쪽 트랜셉트에서, 우리는 1945년 3월 폭격 후 남은 부분과, 2차 대전후 복구된 부분, 2010년 천년 축제를 기념한 복원공사를 모두 볼 수 있다. 서쪽 트랜셉트의 북쪽 날개에 배치된 성가대석 스크린(choir screen)에는

cylindrical turrets at the four transepts, combined with apses at both ends of the church, create a very sculptural and dynamic, yet harmonious massing. As there are two entrances on the south side of the church, which is unusual, the south aisle functions as a sort of indoor narthex. The structure's geometric organization of parts to whole is such that the nave is three squares joined to the square crossings, and the aisles are about two-thirds of the nave in width. Square piers mark the corners of each square of the nave, and the spaces between piers are each framed with two cylindrical columns endowed with very simple cuboid capitals – a characteristic of Ottonian architecture in Lower Saxony called *Niedersächsischer Dreiachsiger Stützenwechsel* (Lower Saxony Triaxial Pillar Alternation).

The complexity of the interior organization is boldly illustrated by the view from the raised western chancel above the crypt looking towards the eastern chancel. At the northwest transept, a

1186년 화재 후 아델로그(Adelog) 주교 시절에 만들어진 원래 돌조각이 남아 있다. 2차 세계대전 후 독일 전문가들이 올바른 판단 하에 베른바르트 주교의 원래 디자인을 최대한 복구해서, 되살아난 종교적 공간감을 우리가 느낄 수 있는 것이 얼마나 다행인가! 서쪽 성단 소는 동쪽 것보다 넓고, 일반 신도들은 들어갈 수 없는 회랑(ambulatory)이 있다. 베른바르트 주교는 자신의 역작이 완성되는 것을 보지 못하고 1022년 서거했고, 그의 후계자 고데하르트(Godehard) 주교가 1033년 성당을 봉헌한 후, 베른바르트의 유해를 크립트(crypt)로 이장했다. 동쪽 성단소에서 네이브를 지나 서쪽을 바라보는 네이브 광경이 성 미하엘 성당의 옷토 양식(Ottonian style) 로마네스크 건축다운 엄숙한 공간감을 가장 잘 보여준다.

오늘날 주 제단은 동쪽 크로씽의 성단소에 놓여 있다. 16세기 중엽 힐데스하임 에서도 종교개혁이 수용되어 성 미하엘 성당은 루터 교회가 되었고, 베네딕트회 수도원은 19세기 초까지 유지되다가 민간이 운영하게 되었다. 동남쪽 트랜셉트의 입면구성은 북쪽에서 보는, 주 제단이 전면에

→ Exterior view from southwest

남서쪽에서 보는 외관 전경

Exterior view from southeast

남동쪽에서 보는 외관 전경

View of oak-panel ceiling with "Root of Jesse"

"이새의 뿌리" 참나무 천정 모습

visitor is confronted with the remains of a bombing in March, 1945 and what was rebuilt after WWII, as well as the evolution from the most recent renovation that coincided with St. Michael's thousand-year celebration in 2010. At the junction of transept and chancel, there is a choir screen with some original stone carvings that date from Bishop Adelog's reconstruction after the Fire of 1186. To the credit of the German experts who worked on the post-WWII restoration, Bernward's original design has been restored

놓인 지점에서 잘 이해할 수 있다. 중앙 기둥 앞에 놓인 청동제 "예수의 원주(Column of Christ)"는 성 미하엘 성당의 보물 중 하나이다. 성 미하엘 성당에서는 동쪽 끝을 구성하는 남북 양단 앱스에 설치한 소예배실(chapel)의 위상을 높여서 중심축의 소예배실 못지않은 높이의 존재감을 부여한 것을 볼 수 있다.

성 미하엘 성당의 또 하나의 중요한 보물은 8.7m×27.8m 크기의 네이브 목조 천장화다. 예수의 가계를 묘사한 "이새의 뿌리(Root of Jesse)"로 1230년경 제작되었다. 1,300여 쪽의 참나무 판

→ View of nave interior from west

서쪽에서 보는 네이브 전경

where possible to the spiritual ambiance experienced today. The western chancel is the more spacious area, with an ambulatory that is screened off from general worshippers. Bernward died before witnessing the completion of his grand enterprise in 1022, and his successor, Bishop Godehard, transferred Bernward's remains to the crypt after the church was consecrated in 1033. The solemn spatial quality of the quintessentially Ottonian Romanesque St. Michael's Church is adequately grasped by the view from the eastern chancel, through the nave, to the western chancel.

Today, the main altar is located in the eastern chancel at the crossing. When the Reformation was adopted in Hildesheim in the mid-16th century, St. Michael's Church became Lutheran, although the Benedictine monastery continued its existence there until the beginning of the 19th century when it became secularized. The organization of the southeast transept's elevation is illustrated by the view from the north with the main altar in foreground. Set in front of the central column is the bronze "Column of Christ," one of the *Michaeliskirche* treasures. The apsidal chapels at the eastern end are given equal prominence at Hildesheim, so that the double-story chapel terminating the north aisle looks as significant as the central chapel that sits on the axis.

Another of the treasures of St. Michael's Church is the painted oak ceiling over the nave, which measures 8.7 by 27.8 meters and dates from around 1230. The painted ceiling is named the "Root of Jesse" and depicts a genealogical tree of Jesus. It is made of over 1,300 oak planks and was painted with meticulous craftsmanship. It was marvelously restored in time for the Church's millennial celebration in 2010.

Hildesheim has served as the model for several significant churches constructed in Central Europe during the Ottonian empire and for two centuries beyond, including St. Servatius in Quedlinburg, St. Cyriakus in Gernrode, and Collégiale Ste.-Gertrude in Nivelles in present-day Belgium.

View of eastern chancel and southeast transept

동쪽 성단소와 남동쪽 트랜셉트 전경

위에 정교하게 그려졌고, 2010년 천년 축제를 기해 복구되어 보는 이를 감탄해 마지않게 한다.

힐데스하임 성 미하엘 성당은 옷토 왕조와 그 이후 중앙 유럽에 약 2세기 동안 건설된 크베들린부르크(Quedlinburg)의 성 세르바티우스(St. Servatius), 게른로데(Gernrode)의 성 시리아쿠스(St. Cyriakus), 현 벨기에에 있는 니벨(Nivelles)의 생뜨 제르뜨뤼드(Sainte-Gertrude) 등 중요한 성당의 모델이 되었다.

Saint Michael's Church

Hildesheim

힐데스하임 성 미하엘 성당

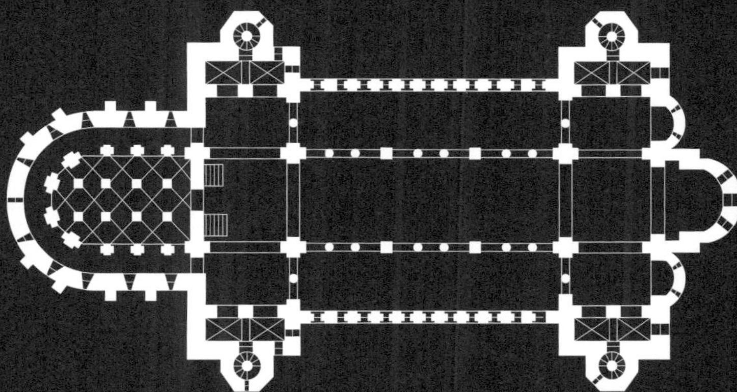

0 50 M

N

The Abbey Church of St. Servatius

***Stifstkirche St. Servatius*, Quedlinburg (Saxony-Anhalt)**

크베들린부르크, 성 세르바티우스 수녀원 성당

↑ Exterior view of the abbey from west

서쪽에서 본 수도원 외관 전경

View of nave interior from west

서쪽에서 본 네이브 전경

The abbey on Burgberg of Quedlinburg (pronounced Kvedlinburk) was founded in 936 by Otto I, Holy Roman Emperor, at the request of his mother Queen Mathilda (later canonized as Saint Mathilda) in honor of Mathilda's late husband and Otto's father, King Heinrich I (Henry the Fowler), to serve unmarried daughters of nobility. Until its secularization in 1802, it was referred to as Reichsstift (Imperial Abbey) Quedlinburg. The abbey is dedicated to St. Servatius of Tongeren (present-day Belgium) and St. Denis. Construction of its basilica plan church on the remains of no less

크베들린부르크의 도심 언덕위에 자리잡은 수녀원은 936년에 신성로마제국 황제 오토 1세(Otto I)가 그의 어머니 마틸다 왕비(Queen Mathilda, 후에 성 마틸다)의 청에 의하여, 마틸다의 부군이자, 오토 1세의 아버지였던 하인리히 1세(Henry the Fowler)를 기리기 위하여 귀족의 미혼 여식들을 위한 수녀원으로 창건하였다. 1802년 민간소유로 전환되기 까지 이 수녀원은 크베들린부르크 황실수녀원 (Reichsstift, Quedlinburg)이라 불렸다. 수녀원 성당은 톤거렌(Tongeren, 현재 벨기에) 출신 성 세르바티우스와 성 드니(St. Denis)에게 봉헌되었다. 먼저 세워졌던 무려 세 개의 성당의 기초위에 세워진 바실리카 형 평면의 성당은 997년 이전에 건설이 시작되었고, 1021년에 완성되었다. 1070년에 화재에 의하여 성당이 크게 파손된 후에 거의 현재 모습이라 추정되는 성당이 다시 지어져서 1129년에 로타르 3세(Lothar III, 후에 신성 로마황제 1133-1137)의 축복아래 재 봉헌되었다.

옷토 양식(Ottonian Style) 건축의 걸작중 하나로 손꼽히는 이 수녀원 성당은 네이브(nave), 두 개의 아일(aisle), 동쪽 끝의 트랜셉트(transept), 하인리히 왕과 마틸다 왕비가 안치된 크립트(crypt) 위에 지어진 성단소(chancel)로 구성되어 있다. 북쪽, 남쪽 트랜셉트에는 모두 깊지 않은 앱스 소예배실(apsidalchapel)이 배치되어 있다. 네이브는 정교하게 만들어 진 니더잭시셔 슈툿첸벡셀 *(Niedersächsischer Stützenwechsel)*이라 불리는, 두 줄의 각주와 두 개의 원형기둥의 교대하는 구조체로 구획되며, 빛이 가득 찬 우아한 공간을 보여준다. 남부 유럽의 성당건축 기둥 주두에서 볼 수 있는 창의적이고 환상적인 조각과 대조되게, 크베들린부르크 원형기둥위에 얹힌 주두들은 절제와 기하학적 정교함을 보이며, 동물, 꽃, 또는 단순한 기하학적 문양을 부각하고 있다. 주두의 형태는 남부 유럽 로마유적지의 로마네스크 건축에서 보는 로마시대 고전적 오더 (Classical order)에 의한 비례가 아니고, 도쓰레(*dosseret*)가 얹힌 모양을 하고 있다.

네이브 입면구성을 보여주는 사진이 조화로운 비례를 간직한 각주, 원형기둥과, 주두 위에 얹힌 아치를 잘 보여준다. 비교적 널찍널찍한 고창

Exterior view from southeast

남동쪽에서 보는 외관 전경

than three earlier churches began sometime before 997, and was completed in 1021. The church was rebuilt after a fire caused severe damage in 1070, to what we assume is close to its present form, and rededicated in 1129 in the presence of King Lothar III (Holy Roman Emperor 1133–1137).

The abbey church, one of the masterpieces of Ottonian architecture, is composed of a nave, two aisles, eastern transepts, and a raised choir above the crypt; the crypt is the final resting place of both Heinrich I and Mathilda. Both transepts have shallow apsidal chapels. A view of the nave reveals a light-filled, airy space defined on either side by processions of precisely constructed *Niedersächsischer Stützenwechsel* – rhythmic

(clerestory window)에서 베이지 빛 사암 벽으로 은은하게 흘러 들어오는 광선은 네이브 공간을 엄숙하면서, 축복받은 명상의 공간으로 만든다. 북쪽 아일에서 네이브, 높게 배치된 성단소와 네이브의 남쪽 벽을 바라보는 광경은 건축가(master builder)와 석공들의 기량을 잘 보여준다. 이지적, 시각적 규율 안에서 그들의 창의성이 풍부하게 첨가되었다. 앞에 있는 원형기둥은 선명하게 배흘림(entasis)을 보여주고 있다.

성단소에서 서쪽으로 바라보는 광경은 두 레벨의 나르텍스(narthex)를 보여주고 있으며, 교회의 서쪽 벽이 수녀원과 맞붙어 있기 때문에, 교회의 입구는 나르텍스의 오른쪽, 즉 북쪽에 놓여 있다. 북쪽 아일에서 서쪽으로 보는 광경은 북쪽 타워와 나르텍스 위층으로 가는 통로를 보여준다. 남쪽 트랜셉트의

→ Nave view from the eastern chancel

동쪽 성단소에서 보는 네이브 전경

→ Southwest corner view of nave
네이브의 남서쪽 모서리 모습

view to east of nave and north aisle
동쪽으로 바라보는 네이브와 북쪽 아일 광경

pier to two-column alternations. The column capitals, in contrast to the creative fantasies on display at column capitals of southern Europe, exhibit a controlled rigor in the fine chiseling of relatively shallow motifs of animals, flowers, and geometrically abstract designs. The shape of the capitals comes across more as *dosseret*, unlike the capitals of the Classical orders as found in churches of Roman-inspired territories.

Analysis of the nave elevation shows harmoniously proportioned piers with arches resting on the column capitals. Relatively generous clerestory windows let abundant light enter and interact with the beige-toned sandstone masonry; this play of light transforms the nave interior into a solemn, yet blissful space of meditation. The views from the north aisle toward the nave, raised choir, and southern nave wall highlight the superior caliber of the master mason and stone cutters. The columns in the foreground clearly show an entasis. Intellectual and aesthetic creativity are abundantly evident.

The view from the choir toward the west illuminates a two-level narthex. The main entrance into the church from the abbey is located at the right (north) side of the narthex, as the west wall of the church abuts the abbey itself. The view of the north aisle looking toward the west shows the access to the north tower and the upper narthex. The south transept chapel is a portrait of restraint, with a very modest altar containing a Pietà sculpture.

The entire city of Quedlinburg is a UNESCO world cultural heritage site. In addition to the abbey and abbey church dedicated to St. Servatius, which would by themselves deserve the UNESCO designation, there are over 1,300 half-timber houses on cobblestone streets winding around the large Market Square situated at the center of the historic core.

View to west of nave and north aisle
서쪽으로 바라보는 네이브와 북쪽 아일 광경

소예배실(chapel)은 절제 그 자체로서, 아담한 제단위에 피에타(Pietà)의 조각이 놓여 있다.

크베들린부르크 도시 전체는 유네스코 세계문화유산으로 등재되어 있다. 성 세르바티우스 수녀원과 성당만으로도 유네스코 인증을 받기 충분하였겠으나, 중세 도심 한 가운데 있는 넓은 시장광장(Marktplatz)에서구불구불돌아서내려오는 조약돌(cobble stone)이 깔린 도로변에는 무려 천삼백 개의 노출목조(half-timber) 건축물들이 있다.

The Abbey Church of St. Servatius
Quedlinburg

크베들린부르크, 성 세르바티우스 수녀원 성당

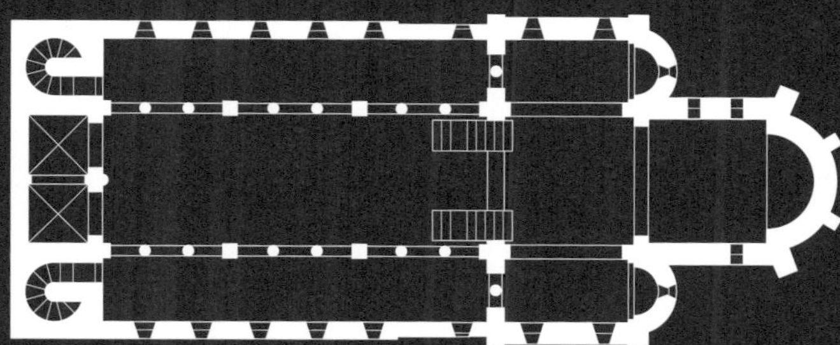

0 — 50 M

N

The Abbey Church of St. Cyriakus

***Stiftskirche St. Cyriakus*, Gernrode (Saxony-Anhalt)**

게른로데, 성 시리아쿠스 수도원 성당

→ Exterior view from south

남쪽에서 보는 외관 전경

View of nave interior from east

동쪽에서 보는 네이브 전경

Gernrode is a small community located in the Harz Mountains in Saxony-Anhalt. It was recently absorbed into the municipality of Quedlinburg. In the mid-10th century, Margrave Gero, an important adviser to Emperor Otto I, founded a convent there in memory of his son who had died without an heir. The construction for the abbey church began around 960. It was initially dedicated to the Virgin Mary and St. Peter, but re-christened as St. Cyriakus, an early 4th century martyr. Additions to the church including the west crypt, gal-

게른로데(Gernrode)는작센-안할트(Sachsen-Anhalt) 주 하르츠(Harz) 산중에 있는 작은 도시이고, 근래에 크베들린부르크(Quedlinburg) 시의 일부로 편입된 바 있다. 10세기 중반에 옷토 1세(Otto I) 황제의 중요한 참모 중 하나였든 게로 공작(Margrave Gero)은 후손이 없이 세상을 떠난 아들을 기리기 위하여 수도원을 설립하였다. 건립공사는 961년에 시작되었고, 수도원은 처음에 성모 마리아와 성 베드로에게 봉헌되었다가, 후에 4세기 초 순교자 성 시리아쿠스(St. Cyriakus)를 기리는 성당으로 다시 봉헌되었다. 서쪽 크립트, 아일 상부의 갤러리, 좀 더

leries above the aisles, the taller western towers, and the *Westwerk* were constructed in the 11th and 12th centuries. The church was completed with the building of its western apse in 1130.

The convent embraced Lutheranism in the 1500s and became a secular domain of the Princes of Anhalt in the early 17th century. The still mainly intact former conventual complex was finally dissolved in the early 19th century; the property was sold to a private party, and inevitable decline set in. However, in the mid-19th century Duke Leopold Friedrich IV of Anhalt-Dessau, prodded by art historians F. T. Kugler and L. Puttrich, ordered a restoration of the former abbey

높이 지어진 서쪽 타워들과 웨스트워크(*Westwerk*)을 포함한 성당 부분이 11세기와 12세기에 증축되었고, 1130년에 서쪽 앱스의 완공을 끝으로 성당이 완성되었다.

16세기에 수도원은 루터교를 포용하였다가 17세기 초에는 안할트(Anhalt) 영주에게 귀속되었고, 16세기 말에는 환속되었다. 아직도 거의 남아 있던 수도원은 급기야 19세기 초에 해산되고, 성당과 시설들은 매각되어 불가피한 쇠퇴가 닥쳐왔다. 그러나 19세기 중엽에 안할트-뎃사우(Anhalt-Dessau)의 레오폴드-프리드리히 4세 공작 (Duke Leopold-Friedrich IV)이 쿠글러(F. T. Kugler)와 푸트리히 (L. Puttrich) 두 미술사 학자들의 역설에 공감하여, 게른로데 수도원 성당의 복원을 명하였고, 공사는

The 12th century marble shrine in the south aisle

남쪽 아일에 놓인 12세기 대리석 감실

Detail of the marble shrine
대리석 감실 디테일

church. The restoration work lasted until 1866. While the exterior was partially modified during the restoration, the interior of the church was restored quite closely in the original Ottonian style. The church is now used as a parish church by the Lutheran community of Gernrode.

The exterior view from the west shows the prominent *Westwerk* flanked by two cylindrical towers – a typical Carolingian architectural feature. It also shows one recognizable Ottonian characteristic: the absence of a plinth underpinning the main volume of an edifice. The main body of the Abbey Church of St. Cyriakus is built on the basilica plan of a nave with two aisles, two apses, and two transepts. The nave was a temporary wooden construction at the time of the church's first dedication. The plan indicates that the nave and two apses are not aligned, leading to a doubly skewed axis.

1866년까지 계속되었다. 복원과정에서 외관은 다소 변경되었지만, 성당 내부는 대부분 원래 옷토 양식의 모습으로 다시 태어났다. 성당은 현재는 게른로데 루터교 신자들을 위한 교구 교회이다.

서쪽에서 보는 외관은, 전형적인 카롤링거 건축양식의 특징인 두 개의 원통형 타워를 양 옆에 갖춘 두드러진 웨스트워크를 과시한다. 서쪽, 북쪽 외관에서는 옷토 양식의 한가지 특징을 볼 수 있는데, 성당 본체가 얹혀진 기단이 없다는 것이다. 게른로데 수도원의 성당은 네이브와 두 아일, 두 개의 앱스, 두 개의 트랜셉트를 갖춘 바실리카 형 평면으로 구성되었다. 처음 봉헌했을 때의 네이브는 목재로 지어진 임시건물이었다. 평면을 보면 두 개의 앱스와 네이브는 똑 바로 연결되지 않아서, 성당 축이 두 번 꺾여 지는 것을 알 수 있다.

성당 북 쪽 벽면의 서쪽 끝에 있는 자그마한 문을 통하여, 갤러리 밑으로 조금 걸어 네이브에 들어서면, 방문객은 돌연 우아한 비례를 갖춘 넓은 공간에 서게 된다. 천정을 올려다보면, 근래에 다시 도색이 된 네이브의 목조 천정이 평행사변형을 이루는 것을 알

View of southern nave wall showing the gallery for the canonesses

남쪽 네이브 벽과 상부의 수녀들 갤러리 전경

A visitor who enters the church through a small door near the western edge of the north wall, and then walks a short distance under the north gallery into the nave, is suddenly thrust into a generous space of elegant proportions. The ceiling forms a parallelogram set up by the skewed nave. The view down the nave to the western choir with organ loft, above the crypt, shows that the nave is divided into two equal lengths by substantial piers at its center. Each half of the nave, in turn, is composed of two half-round arches supported by columns that together create a pier-column-pier rhythm called *Stützenwechsel*. The galleries over the aisles are also each divided into two by piers that extend from the nave floor. However, instead of maintaining the two half-round arch motifs, the galleries are framed by six smaller arches in three groups of two arches each, with each arch supported by columns. One spacious gallery reserved specifically for the canonesses, a special plan element found in convents, is an architectural feature that can be traced back to Byzantine times and is found later in Carolingian architecture as well.

수 있다. 크립트 위에 지어진, 오르간 로프트가 배치된 서쪽 성단소를 향하여 길이 방향으로 보면, 네이브의 길이가 중간에 배치된 듬직한 피어에 의하여 둘로 나뉜 것을 볼 수 있는 반면, 네이브 양편의 반씩의 길이는 기둥으로 지지 되는 두 개씩의 반원 아치로 구성되어 있어서, 피어-기둥-피어가 교대되는 슈튓첸벡셀(기둥 바뀜 *Stützenwechsel*)을 형성한다. 아일 상부의 갤러리 층도 네이브 바닥에서 연속되는 피어로서 둘로 나뉘어 지나, 2개 아치 모티브 대신, 갤러리 층은 작은 기둥들로 지지 되는 여섯 개의 작은 아치들이 세 그룹의 아치 두개 씩으로 구성된다. 게른로데 수도원 건축에서는 수녀들 전용의 제법 넓은 갤러리가 있으며, 그 시작은 비잔틴 건축에서 유래하며, 나중에 카롤링거 건축양식에서도 볼 수 있다.

성 시리아쿠스 수도원 성당에서는 다른 독특한 건축 디자인도 볼 수 있는데, 네이브 층의 기둥 주두위에, 서로 마주보는 두 개의 아치의 끝이 삼각형 패어짐을 구성하면서 맞나는 것이, 뜻밖에도 현대적인 감각의 기하학적 형태를 만들어 낸다. 12세기에 남쪽 아일의 동쪽에 감실(shrine)이 세워졌는데, 이것은 11세기 말엽에 제작된, 예루살렘에 있는 성묘(Holy Sepulchre)의 복제품이고, 독일 내에 있는 비등한 복제품 중 오래된 것이다. 서쪽 바깥벽에서 볼 수 있듯, 감실의 안팎이 정교한 조각으로 장식돼 있다.

View of the parallelogram-shaped wooden ceiling

평행사변형으로 지어진 목조 천정 모습

View of crypt from west

서쪽에서 보는 크립트 공간 전경

There are other notable elements at St. Cyriakus. Above the capitals of the columns at the nave level, opposite ends of the arches are conjoined with triangular indentations that stretch between the arches' bottoms, setting up a rather modern looking geometry. In the 12th century, a shrine was constructed at the eastern end of the south aisle. It is a late 11th century copy of the Holy Sepulcher in Jerusalem, and constitutes one of the oldest of its type in Germany. The outer as well as interior walls of the shrine's burial chamber are endowed with very fine sculpture as evidenced clearly at the western outer wall.

The Abbey Church of St. Cyriakus in Gernrode evolved from an almost century-long lapse in Carolingian-style architecture. St. Cyriakus is an important later peak, a climax in the development of the body of Ottonian architecture.

게른로데 성 시리아쿠스 수도원 성당은, 거의 한 세기 동안 발전이 없이 멎어졌던 카롤링거 양식에서 진화한 옷토 양식 건축의 개화기의 걸작이자 클라이맥스를 이룬다 할 수 있다.

The Abbey Church of St. Cyriakus
Gernrode

게른로데, 성 시리아쿠스 수도원 성당

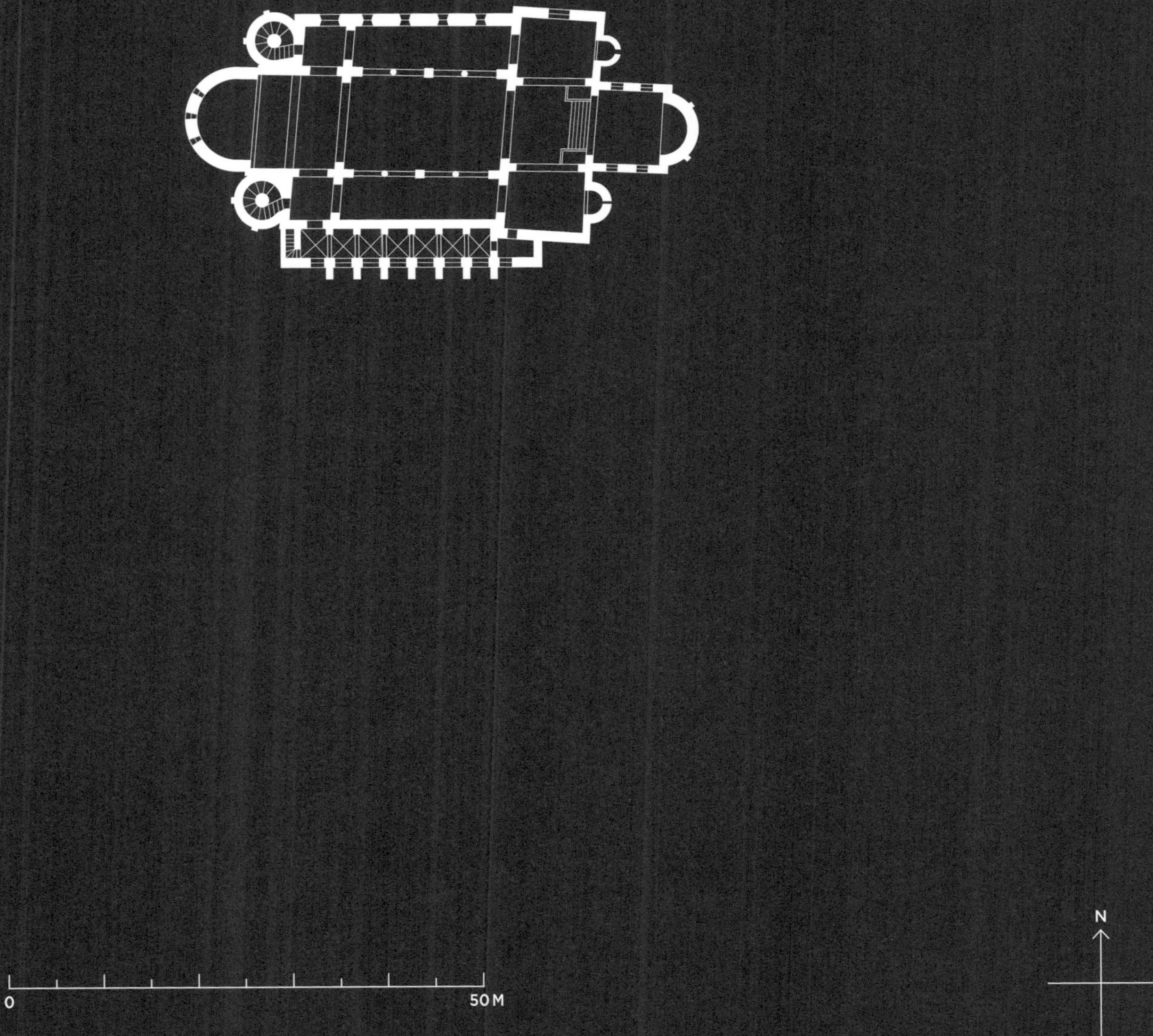

Imperial Cathedral Basilica of St. Mary and St. Stephen

Domkirche St. Maria und St. Stephan, der Kaiserdom zu Speyer (Rhineland-Palatinate)

슈파이어 성모 마리아, 성 스테판 황실 대성당 바실리카

→ View of west façade

서쪽 정면 광경

View of nave from west

서쪽에서 보는 네이브 전경

Probably in 1025, Konrad II (ca. 990–1039), the first Holy Roman Emperor of the Salian Dynasty, commissioned the construction of a cathedral on the foundations of a former basilica. He intended this new church to become the symbol of imperial power and the burial place for himself and his imperial dynasty. The work began sometime between 1027 and 1030 with a crypt, a chancel over the crypt, and two towers flanking the chancel on its north and south sides. Construction of a westwork and a nave with closely spaced columns, a

1025년경 살리어 왕조(Salian Dynasty, 일명 프랑크 왕조)의 초대 신성로마 황제 콘라드 2세 (Konrad II, 약 990-1039)는 옛 바실리카의 기초위에 새 대성당의 창건을 명하였다. 그는 이 새 대성당이 한편으로는 황제의 세력이 교황 보다 우위라는 것을 상징하기를, 또 한편으로는 자신과 황실의 안식처를 마련하는 것을 의도하였다. 대성당의 공사는 1027년에서 1030년 사이에 크립트와 그 위에 성단소, 그 남쪽, 북쪽에 타워의 건설로서 시작되었다. 서쪽 정면 웨스트워크 *(Westwerk)* 의 건설과 촘촘히 배치된 기둥위에 목조 천장을 한 네이브와 아일의 공사가 이어졌고, *Speyer I* 로 알려진 슈파이어

대성당의 첫 번째 구조가 1061년에 봉헌되었다. 콘라드 2세는 1039년에, 그 아들 하인리히 3세(Heinrich III)는 1056년에 작고하여, 그들의 유해는 네이브의 제단 앞에 안장되었다. 처음 대성당의 동쪽 앱스는 내부는 반원형으로 마감되었으나 외관은 사각형 모양으로 지어졌었다.

역시 신성 로마황제로 1084년에 선출된 콘라드의 손자 하인리히 4세가 1090년경에 슈파이어 대성당의 야심 찬 재건축을 시작하였다. *Speyer I* 에서 크립트와 두 개의 동쪽 타워만 남겨진 반면, 네이브의 천정이 5 미터 높여지고, 기초가 지하 8 미터 아래로 보강되었다. 기록에 이름이 나타나지 않는 건축가의 가장 중요한 업적은 네이브 기둥들을 하나 걸러씩 굵은 반원 필라스터를 첨가하여 보강함으로서 횡단 아치로 구획되는 여섯 개의 베이를 만들고, 각 베이를 그로인 볼트(groin vault)로 덮은 것이었다. 네이브 볼팅 개념에 못지않은 건축가의 다른 두 가지 업적은 첫째로, 고창(clerestory window) 모두를 기둥과 기둥 사이 중심에 배열한 것과, 대성당 외벽의 길이를 따라서, 그리고 앱스의 반 원통 매쓰 상부에 난쟁이 갤러리(dwarf gallery)를 도입한 것이었다. 난쟁이

View of the bronze gate from nave

네이브에서 보는 청동 정문 모습

→ View of eastern apse

동쪽 앱스 외관 전경

↓ View of southern transept

남쪽 트랜셉트 전경

lower wooden roof, and two aisles with groin vaults followed, and the first incarnation of the cathedral, *Speyer I*, was consecrated in 1061. Konrad II died in 1039 and his son Heinrich III died in 1056. Both were buried in the nave in front of the altar. The original apse was half-round on the inside, but was finished as a square volume on the outside.

Around 1090, Konrad's grandson, Heinrich IV, since 1084 Holy Roman Emperor, undertook an ambitious reconstruction of the cathedral. The crypt and the eastern towers were the only original components remaining from *Speyer I*. The ceiling of the nave was raised by five meters and the church's foundations were reinforced to eight meters below ground. The most significant achievement of the nameless master builder who oversaw the project was to reinforce every other column of the nave by joining to them substantial half-round pilasters – which created six bays defined by transverse arches – and to enclose the nave bays with groin vaults. The master builder made two additional important contributions, almost as important as the nave vaulting concept: first, new clerestory windows were centered between all columns; secondly, a dwarf gallery was added on the exterior along the longitudinal mass of the cathedral and around the half-round apse. The dwarf gallery does three things: it reduces the visual weight of the imposing height of the masonry; it expresses the impressive heft of the

View of crypt from west

서쪽에서 보는 크립트 내부 전경

masonry by highlighting the colonnades against shadow; and it enhances a sense of scale.

The expanded cathedral, called *Speyer II*, was completed in 1106, the year of Heinrich IV's death. It is 134 meters long and 43 meters wide. *Speyer II* suffered two major devastations in the 17th and 18th centuries. What remains at *Speyer II* today is largely the work of a 19th century restoration by Heinrich Hübsch, who restored the original Salian concept of the westwork and replaced an earlier Classical/Baroque western elevation.

When a visitor enters *Speyer II* through the narthex, and then sets foot in the nave, the immediate impression is one of grandeur and immense scale. „Speyer is not subtle, but anyone who understands masonry will love the tremendous cliff-like masses of its walls and the heavy over-arching *testudo* of its vaulting," writes Kenneth John

갤러리의 역할은 세 가지로 요약할 수 있는데, 우선 석조 건물의 엄청난 높이의 중량감을 감소시키고, 주랑(colonnade)의 음영을 부각시킴으로서 구조물의 참된 규모를 표현하며, 스케일 감을 부여하는 것이다.

슈파이어 *II (Speyer II)* 로 알려지는 확대된 대성당은 하인리히 4세가 서거한 1066년에 완공되었다. 그 기리는 134 미터이고, 폭은 43 미터이다. 슈파이어 대성당은 17세기와 18세기에 두 번의 큰 파손을 겪었는데, 오늘날 남아있는 *Speyer II* 대성당은 19세기 하인이리히 휩슈(Heinrich Hübsch)의 손에 의한 대대적 복원작업의 결과이다. 그는 고전적 내지 바로크 양식으로 개조되었던 서측 입면을 원래의 살리어 양식의 *Westwerk* 로 복원하였다.

방문객이 나르텍스를 통해서 대성당에 들어서면서 네이브에 발을 들여놓는 순간 느끼는 감각은 공간의 웅장함과 그 스케일이다. 켄네스 존 코넌트 (Kenneth John Conant)는 다음과 같이 묘사한다: "슈파이어는 섬세하지 않다. 조적 조를

→ View of chancel from west

서쪽에서 보는 성단소 전경

Overleaf: View of nave groin vault

앞쪽: 네이브의 그로인 볼트 모습

View of nave and organ loft from east
동쪽에서 보는 네이브 와 오르간 로프트 광경

Conant. The nave consists of six groin-vaulted bays defined by transverse arches supported by major pilasters attached to columns. To the east, the nave intersects a crossing with an octagonal tower above, relatively shallow cross rib-vaulted transepts, and a semi-circular apse. The altar is placed in the last bay of the nave immediately to the west of the crossing. The brown sandstone with which *Speyer II* was constructed, quarried from the Speyer forest upstream on the Rhine, is the same as that used at Mainz and Worms so that the three *Kaiserdome* share a unity of material. For *Speyer II*'s interior, the builders used a grey sandstone in combination with the brown sandstone to define the transverse arches, as well as the imposing surround at the bronze gate that forms the entry to the nave from the narthex.

Speyer II Cathedral, together with Santiago de Compostela and Durham, all constructed within a few decades of each other, stand out as the crowning achievements of the Medieval building art. Cluny III, had it not been so tragically destroyed, would undoubtedly have a place of honor within this group of monuments.

이해하는 사람은 누구나 그 엄청난 절벽 같은 벽체의 매스와 거북이 등의 안쪽과 같은 곡선 볼팅의 무게에 친근감을 느낄것이다." 네이브는 기둥에 부착된 주 필라스터가 지지하는 횡단 아치로 구성되는 여섯개의 베이로 이루어져 있고, 각 베이는 그로인 볼트로 구축되었으며, 네이브 동쪽으로 팔각형 타워가 위에 놓인 크로씽, 깊이가 좀 적은 크로스 립 볼트(cross-rib vault)로 구축된 남, 북의 트랜셉트, 반원형의 앱스가 대성당 내부공간을 매듭 짓는다. 오늘날 주 제단은 네이브의 마지막 베이, 크로씽의 바로 서쪽에 놓여있다. 라인강 상류의 슈파이어 숲에서 채석된 갈색 사암이 슈파이어 대성당의 외관을 이룩하며, 그 같은 사암은 마인츠, 보름즈 에도 쓰였기 때문에 라인강 상류의 세 황실대성당 (*Kaiserdome*)에 시각적 통일성을 부여한다. 슈파이어 대성당 내부에서 석공들은 갈색 사암과 회색 사암을 교대로 쌓아서 횡단 아치와, 나르텍스에서 네이브로 들어오는 청동 정문을 감싸고 있는 중후한 테두리를 건설하였다.

Speyer II 대성당은, 불과 수십년 사이에 유럽 다른 지역에 지어진 산티아고 데 콤포스텔라 (Santiago de Compostela) 및 더럼 (Durham) 대성당과 더불어 중세 건축예술의 정점을 이룩하는 최고의 건축이다. 18 세기에 그렇게 비극적으로 파괴되지 않았더라면, 클뤼니 Ⅲ (Cluny III) 도 이 영광의 반열에 포함되었을 것이다.

Imperial Cathedral Basilica of St. Mary and St. Stephen

Speyer

슈파이어 대성당

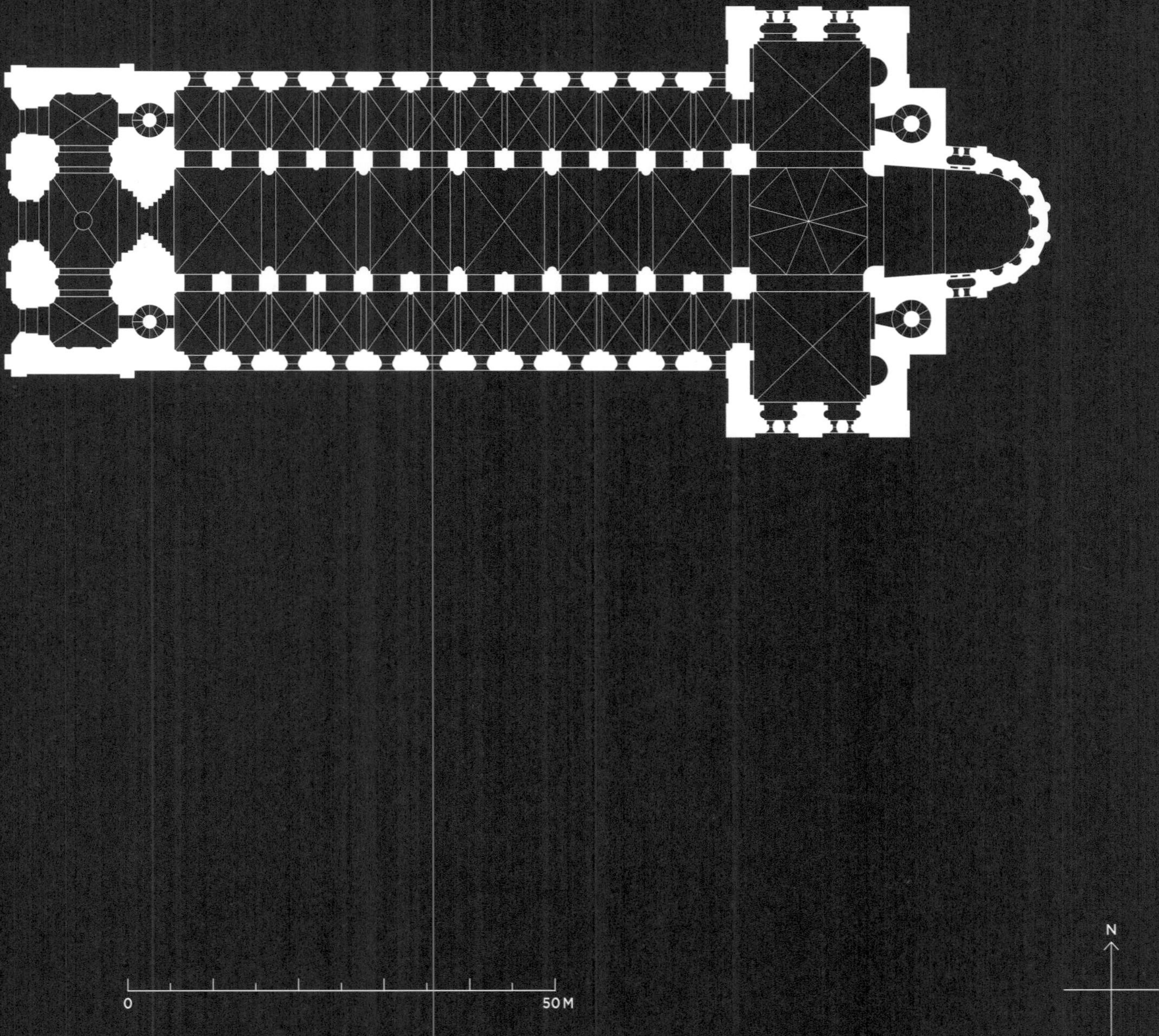

The Cathedral St. Peter of Worms

Dom Sankt Peter zu Worms,
(Rhineland-Palatinate)

보름즈, 성 베드로 대성당

→ Exterior view from southeast

남동쪽에서 보는 외관 전경

Together with Speyer and Mainz, Worms is one of the three "Imperial Cathedrals *(Kaiserdome)*" on the upper Rhine, and ranks among the finest achievements of the High Romanesque period in Germany.

The plan of Worms is based on a nave plus two aisles, eastern and western apses, one transept near the eastern apse with an impressive crossing tower, a smaller tower above the western choir, and four cylindrical stair towers. These architectural elements collectively create a harmonious ensemble, and the cathedral projects a ma-

보름즈(Worms) 대성당은 슈파이어(Speyer), 마인츠(Mainz)와 더불어 라인강 상류에 건립된 3개의 황실대성당(*Kaiserdome*)의 하나이며, 독일 성기 로마네스크 건축의 최고 걸작의 하나로 손꼽힌다.

보름즈는 네이브(nave)와 2개의 아일(aisle), 동, 서쪽 성단소(chancel), 동쪽 앱스(apse) 가까이 배치된 트랜셉트(transept)와 그 상부에 놓인 인상적인 크로씽 타워, 서쪽 성단소 위에 놓인 좀 작은 타워와 네 모서리의 원통형 계단 탑(stair turret)으로 구성되어 있으며, 이 구성요소 모두가 잘 조화된 앙상블을 이뤄 내어, 라인 강변에 웅장한 스카이라인을

View of nave from west

서쪽에서 보는 네이브 전경

jestic skyline over the Rhine. The present cathedral was constructed mostly between 1125 and 1181 over the footprint of an earlier cathedral that had been erected a century earlier by Bishop Burchard I of Worms, an important historical figure. The cathedral is built with the same brown sandstone used at Speyer and Mainz, which visually unifies the three. The general view from the south shows the splendid Gothic-style south portal of around 1300, which replaced the Romanesque façade of the Nikolaus Chapel that lies within.

The south transept, a mere 5 meters away from the high altar directly inside, shows a mod-

투사한다. 현존하는 대성당은 대부분 1125년과 1181년에, 한 세기 전 중요한 역사적인 인물이었던 보름즈의 부르하르트 I(Burchard I of Worms) 주교가 창건한 성당의 기초위에 새로 건설된 것이다. 보름즈 대성당은 슈파이어와 마인츠에서도 사용된 갈색 사암으로 지어져서 세 황실대성당의 시각적 동질감을 보여주고 있다. 남쪽에서 보는 대성당의 전경은 1300년경에, 안에 배치된 니콜라우스 소예배실(Nikolaus chapel)의 로마네스크 양식 외벽을 개축하여 건설된 훌륭한 고딕 양식의 남쪽 정문을 부각시킨다.

대성당 안에 놓인 주 제단(high altar)에서 불과 5 미터 앞에 지어진 남쪽 트랜셉트는 아담하지만 정교하게 배치된 정문과, 비대칭으로 배열된, 아치로

→ View of the high altar by Balthazar Neumann

발타자 노이만 작품인 주제단 모습

View of western towers from south

남쪽에서 보는 서쪽 타워 전경

View of nave elevation composition

네이브 입면구성 모습

est, yet meticulously positioned doorway as well as asymmetrically placed arched openings and a round window. The gable incorporates what is known as Lombard molding.

The nave was constructed between 1160 and 1170, and the chancel at the far end was completed in 1181, the year when the cathedral was consecrated. The plan of the nave is organized as five square bays with cross vaulting above them. The aisles are each half as wide as the nave; as a result, the north and south aisles each have ten smaller square bays. The procession of alternating major and minor piers along the length of the nave is slow-moving and contemplative, a characteristic of Romanesque space.

장식된 개구부와 하나의 원형 창을 보여준다. 박공벽 입면은 롬바르디아 몰딩(Lombard molding)이라 불리는 띠로 장식되어 있다.

네이브는 1160-70년 사이에 건설되었고, 사진의 끝자락에 나타나는 성단소는 1181년 대성당이 봉헌되었을 때에 완성되었다. 네이브 평면은 크로쓰 볼팅(cross vaulting)으로 지어진 5개의 정방형 베이(bay)로 구성되어 있다. 아일의 폭이 네이브 폭의 반이므로, 북쪽, 남쪽의 아일은 열 개의 작은 정방형 베이로 구성된다. 메이저, 마이너 각주들이 교대하며 네이브 길이 방향으로 이루어 내는 기둥 행렬은 완만하며, 명상적인데, 이러한 공간감은 로마네스크 성당 건축의 한 특징이다.

주 제단은 18세기 독일의 가장 저명한 건축가의 하나였던 발타자 노이만(Balthasar Neumann)에

→ View of western apse from east

동쪽에서 본 서쪽 앱스 광경

View of high altar
at crossing

크로씽에 놓인 주제단
전경

View of cross-rib vaulting and crossing tower

크로쓰 립 볼팅과 크로씽 타워 전경

The high altar was designed by Balthasar Neumann, one of the most important German architects of the 18th century. The gilded wood and marble Baroque altar is a powerful work of art in itself and holds its own within the potent framework of Worms Cathedral's Romanesque grandeur. The eastern apse, which can be seen beyond the altar, was the earliest constructed part of the cathedral and dates from between 1125 and 1144.

An analysis of the nave elevation clearly illustrates how the major piers, with half round pilasters over rectangular projections, continue upward all the way to the springing of the main arches and cross ribs for the ceiling vaults, while the minor piers receive the arches for the clerestory windows and blind arcades underneath. The nave measures approximately 26 meters in height.

The interior view of the western apse, located at the end of the finely proportioned nave, gives a glimpse toward the dynamic, sculptural massing that projects beyond the main volume of the nave on the church's exterior. The western apse and choir were the last elements to be built, and date from around the end of the 12th century. One can only marvel at the master builder's ingenuity in designing the intricate rose window and surrounding smaller windows, as well as at the masons' meticulous workmanship in chiseling the precise and complex moldings.

의하여 디자인되었다. 금칠을 한 나무와 대리석으로 만들어진 이 바로크 제단은 보름즈 대성당의 로마네스크 건축의 튼튼한 틀 안에서도 존재감을 과시하는 강력한 예술작품이다. 주 제단 너머로 보이는 동쪽 앱스는 1125-1144년에 건설된 보름즈 대성당의 가장 먼저 지어진 부분이다.

네이브 입면 구성을 고찰하면, 직각 돌출부에 반원 벽기둥(pilaster)을 결합한 메이저 각주들은 주 아치의 시작점과 볼팅(vaulting)의 크로쓰 립(cross rib)까지 솟아오르고, 마이너 각주들은 고창(clerestory window)과 블라인드 아케이드(blind arcade) 위의 아치까지 뻗어 올라간다. 네이브의 천정 높이는 약 26 미터이다.

네이브를 서쪽으로 바라보는 내경이 이 대성당 밖으로 구성되는 다이나믹하고, 조각적 매씽을 가늠하게 한다. 서쪽 성단소는 12세기 말엽에 보름즈 대성당에서 제일 마지막으로 건설되었다. 장미창(rose window)과 그것을 둘러쌓고 있는 작은 창들을 디자인한 건축가(master builder)의 능숙함과, 석공들의 정교한 만듦새에 감탄할 따름이다.

View of west façade
서쪽 정면 외관 전경

The Cathedral St. Peter of Worms

보르즈, 성 베드로 대성당

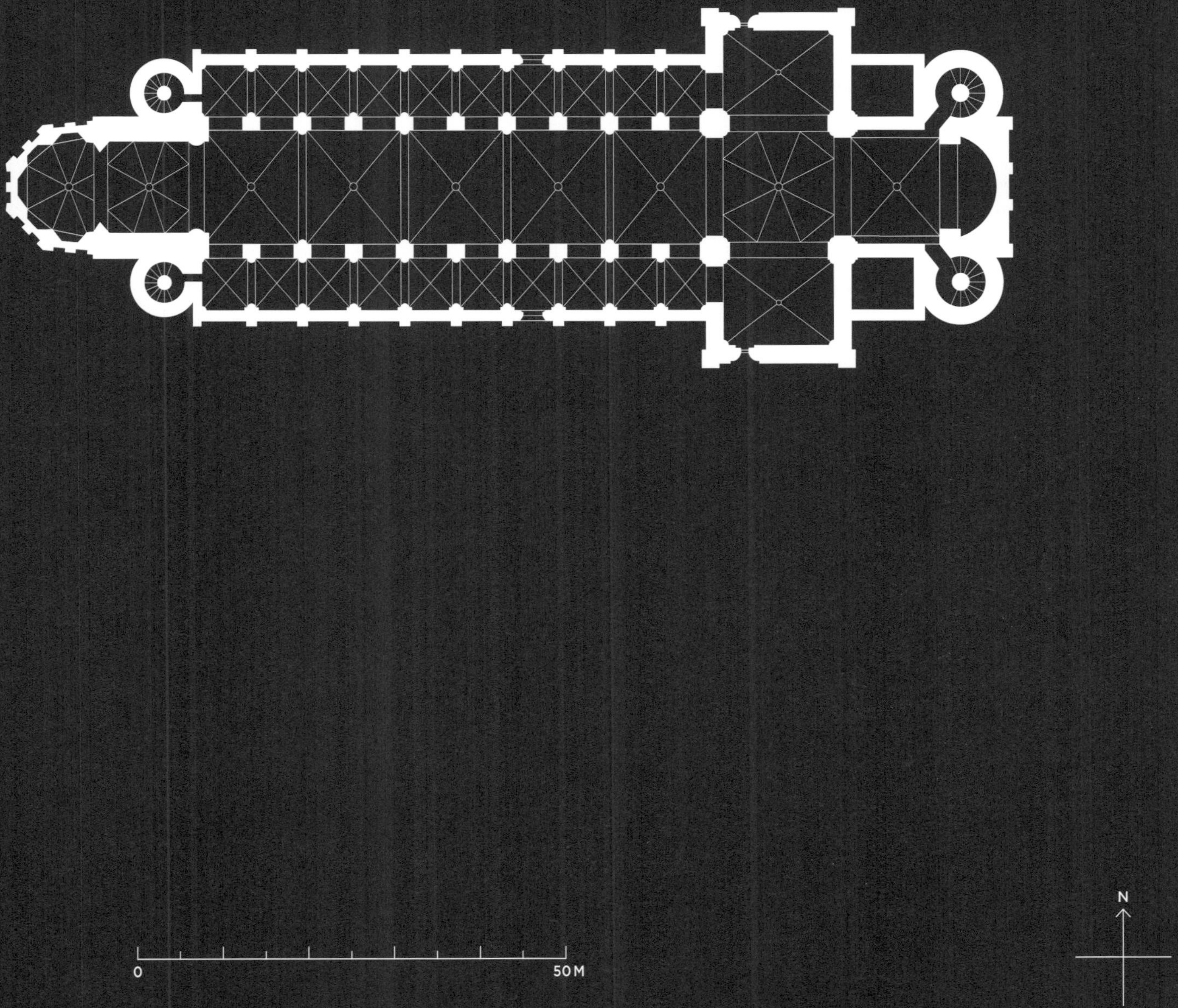

Mainz Cathedral St. Martin

Mainzer Dom Sankt Martin,
(Rhineland-Palatinate)

마인츠 성 마르틴 대성당

→ Exterior view from northwest
북서쪽에서 보는 대성당 외관 전경

View of nave and western apse from east
동쪽에서 보는 네이브와 서측 성단소 전경

Due to its strategic location at the confluence of the Rhine and Main rivers, the city of Mainz *(Mogontiacum)* had been settled in Roman times. At one time it formed the northernmost frontier of the Roman Empire in continental Europe, before the Empire extended its reach to England. Along with Speyer and Worms, the cathedral at Mainz is one of the three Imperial Cathedrals *(Kaiserdome)* along the upper Rhine. All three were constructed under the patronage of several Holy Roman Emperors of the Salian (aka Frankish

라인 강과 마인 강이 합류하는 전략적 위치에 자리 잡은 마인츠(라틴 *Mogontiacum*)는 로마시대에 이미 정주 되였었고, 로마제국의 영역이 영국까지 확장되기 전에는 로마의 유럽 대륙 최북단 국경을 이룩하였었다. 슈파이어(Speyer), 보름스(Worms) 대성당과 더불어 마인츠 대성당은 라인 강 상류에 건설된 세 개의 황실 대성당의 하나이다. 이 세 대성당은 살리어(Salian, 일명 프랑크 Frankish 1024–1125) 왕조와, 호헨슈타우펜(Hohenstaufen 1138–1254) 왕조의 신성로마황제들의 후원 하에 황제가 교황 보다 우위임을 과시하기 위하여

View of nave
elevation composition
네이브 입면구성 모습

1024—1125) and Hohenstaufen (1138—1254) dynasties to demonstrate the imperial power over the papacy. Mainz Cathedral was the seat of one of the archbishops-electors of the Holy Roman Empire as well as the coronation site for several Roman-German kings.

Archbishop Willigis laid the foundation stone for the earlier Ottonian design of Mainz cathedral in 975, the year he was appointed Archbishop of Mainz by Emperor Otto II. Willigis had been in the service of Otto II's predecessor, Otto the Great, at the same historical moment that Bishop Bernward of Hildesheim was also present in the court of Otto the Great. After more than three decades

창건되었다. 마인츠는 신성 로마제국의 일곱 개 선제후 대주교구의 하나였고, 몇몇 로마제국 독일왕들의 대관식을 거행한 곳이기도 하다.

옷토 2세(Otto II) 황제에 의하여 975년에 마인츠 대주교로 임명된 빌리기스(Willigis) 대주교는 그해에 옷토 양식(Ottonian style)의 마인츠 대성당의 건설을 시작하였다. 빌리기스는 힐데스하임(Hildesheim)의 베른바르트(Bernward) 대주교가 옷토 대제(Otto the Great)의 황실에 봉사하던 같은 역사적 시기에, 옷토 대제의 궁전의 성직자였었다. 30년이 넘는 공사 끝에 마인츠 대성당은 1009년에 봉헌되었으나, 불행하게도 봉헌되던 날 대성당의 대부분이 화재로 소실되었다. 마인츠 대성당 주요부분은 바르도(Bardo) 대주교에 의하여 재건되어 1036년에 다시

Exterior view from east
동쪽에서 보는 대성당 외관 전경

of construction, Mainz Cathedral was consecrated in 1009. On the day of the consecration, however, a fire destroyed the bulk of the church. It was then left to Archbishop Bardo to oversee construction of the main body of Mainz Cathedral, which was consecrated in 1036. Alas, the church remained intact for less than half a century, as another major fire destroyed it in 1081. Therefore, most of what we know today as Mainz Cathedral of St. Martin was built in the Lombard style under the patronage of Heinrich IV (1050–1106, Holy Roman Emperor 1084–1105), who also initiated the construction of *Speyer II*. Heinrich IV's rebuilt Mainz Cathedral was consecrated in 1137.

봉헌되었으나, 반세기를 미처 넘기지 못하고 1081년에 다시 소실되었고, 성 마르틴 마인츠 대성당으로 지금 내려오는 건축은 하인리히 IV세(Heinrich IV 1050-1106, 신성로마황제 1084-1105)의 후원아래 롬바르디아(Lombardy) 양식으로 건축되어 1137년에 봉헌되었다. 하인리히 IV는 일찍이 슈파이어 *(Speyer II)* 대성당도 중건한바 있다.

서북쪽에서 보는 대성당의 전경은 팔각형의 동쪽 크로씽 탑, 옛 옷토 양식 건축에서 남아있는 두 개의 계단 탑이 자아내는 아주 조각적인 앙상블을 선보인다. 마인츠 대성당은 동, 서 양쪽 앱스를 갖춘 바실리카 평면으로 모체가 구성되었으며, 거기에 고딕 크로스 볼트(Gothic cross vault)로 건조된 정방형 모양 베이 다섯 개로 구성된 네이브와, 네이브 베이

View of cross-rib vaulting

크로쓰립 볼팅 전경

A view of the cathedral from the northwest toward the southeast reveals a highly sculptural ensemble comprised of an octagonal eastern crossing tower and two stair turrets that have miraculously survived from the original Ottonian construction. Mainz Cathedral is laid out as a basilica plan with both western and eastern apses; a nave of five squarish bays covered with Gothic cross vaults; aisles with two slightly rectangular bays corresponding to one nave bay, covered with groin vaults; two larger stair turrets at the east end and a pair of smaller stair turrets at the west end; a prominent western transept; and two crossing towers. At Mainz, the western chancel, dedicated to St. Martin of Tours, was given prominence over the eastern one as conceived by Archbishop Willigis.

Standing in the nave and studying its elevation shows that while square piers are set down at equal intervals, every second pier also boasts a semi-cylindrical pilaster with a simple impost that

하나에 대해서 두 개의 장방형 베이가 그로인 볼트(groin vault)로 지어진 양쪽 아일, 조금 큰 동쪽의 두 계단 탑과 좀 작은 서쪽의 두 계단 탑, 두드러진 서쪽 트랜셉트와 두 개의 크로씽 탑이 첨가되었다. 마인츠 대성당에서는 빌리기스의 구상에 의하여 투르의 성 마르틴(St. Martin of Tours)에게 헌정된 서쪽 성단소가 동쪽 보다 더 중요하게 부각된다.

네이브 입면을 보면 정방형 피어(pier)가 규칙적으로 배치된 반면, 피어 하나 걸러마다 반원통형의 벽기둥(pilaster)이 전면에 부착되어서 고창(clerestory window)의 창대 높이까지 도달하여 단순한 임포스트(impost)로 매듭지어지는 것을 볼 수 있다. 반면 이 벽기둥이 부착된 피어들은 각 베이를 구획하는 네이브 아치와 크로스 리브(cross rib)들을 지지, 수사적으로 표현하자면, 묶어주고 있다. 고창들은 네이브 길이에 등 간격으로 배치되어 있는 대신, 각 베이안에 한 쌍으로 배열되어 있다. 마인츠 대성당의 네이브 벽면은 네이브 아케이드(arcade) 위로, 고창 바로 아래까지 올라가는 반원 모양의 얕은 음각으로 구분되어 있다. 마인츠의 네이브 높이는 슈파이어 대성당 네이브 33미터 보다 좀 낮은 28미터이다.

→ View of the main altar at the crossing

크로씽에 놓인 주제단 전경

reaches up to the sill of a layer of clerestory windows. These alternating piers with pilasters in turn support – or "collect" – the nave arches as well as the ribs for the cross vaults and are therefore the defining elements of each bay. The clerestory windows are paired within each bay, rather than being evenly spaced across the entire length of the nave. In addition, the nave walls of Mainz Cathedral are articulated by shallow round-arched indentations that rise above the nave arcades and extend to just below the clerestory windows. The height of the nave is 28 meters, a notch lower than the 33-meter height that defines the Speyer Cathedral nave.

The view of the eastern chancel, dedicated to St. Stephen, clearly conveys the majestic spatial character of the interior of Mainz Cathedral, with its alternating piers stately progressing down the nave. The view of the eastern apse shows the oven vault over the semi-circular space, constructed with a Lombard design that replaces the former flat Ottonian gabled façade. The chancel bay with its octagonal tower element almost anticipates the presence of an eastern transept, but it is enclosed by substantial masonry walls that separate it from the aisles and the stair turrets beyond. The Gothic rib vaults for the nave date from the turn of the 13th century.

The western chancel and the western transept were rebuilt around the year 1200 in the late Romanesque style, presumably on the foundation of the original building constructed during the era of Archbishop Willigis, but they already show the predilection for utilizing a Gothic vaulting technique. The view looking up to the western crossing tower and transept wings, on the other hand, is embellished with Lombard moldings standing in bold contrast to the overall Romanesque style of Mainz Cathedral.

View of western chancel and northern transept

서쪽 성단소와 북쪽 트랜셉트 전경

성 스테판(St. Stephen)에게 헌정된 동쪽 성단소를 바라보는 네이브 전경이 마인츠 대성당의 교대되는 피어들이 품위 있게 나열 되 있는 내부공간의 느낌을 충실히 전달한다. 동쪽 앱스의 전경은 옛 경사지붕이 얹혔던 옷토 양식의 평평한 앱스 대신 롬바르디아 양식으로 새로이 건설된 반원 공간위에 구축된 오븐 볼트(oven vault)를 보여준다. 팔각형 타워가 위에 놓인 성단소 베이는 거의 남쪽, 북쪽으로 트랜셉트가 전개될 것을 기대하게 하나, 대신 두터운 석조 벽으로 막혀 있고, 그 바깥쪽으로는 계단 탑이 놓여 있다. 네이브의 고딕 리브 볼트(Gothic rib vault)는 13세기 초에 지어졌다.

서쪽 성단소와 서쪽 트랜셉트는 약 1200년에, 추측컨대 빌리기스의 초기 성당의 기초위에 후기 로마네스크 양식으로 다시 건설되었는데, 이미 고딕 볼팅 기법의 경향을 보여주고 있다. 서쪽 크로씽 타워와 트랜셉트 양 날개의 전경을 보면 마인츠의 로마네스크 공간과, 롬바르디아 몰딩으로 장식된 타워의 새로운 건축기법이 대조되는 것을 알 수 있다.

Mainz Cathedral St. Martin

마인츠 성 마르틴 대성당

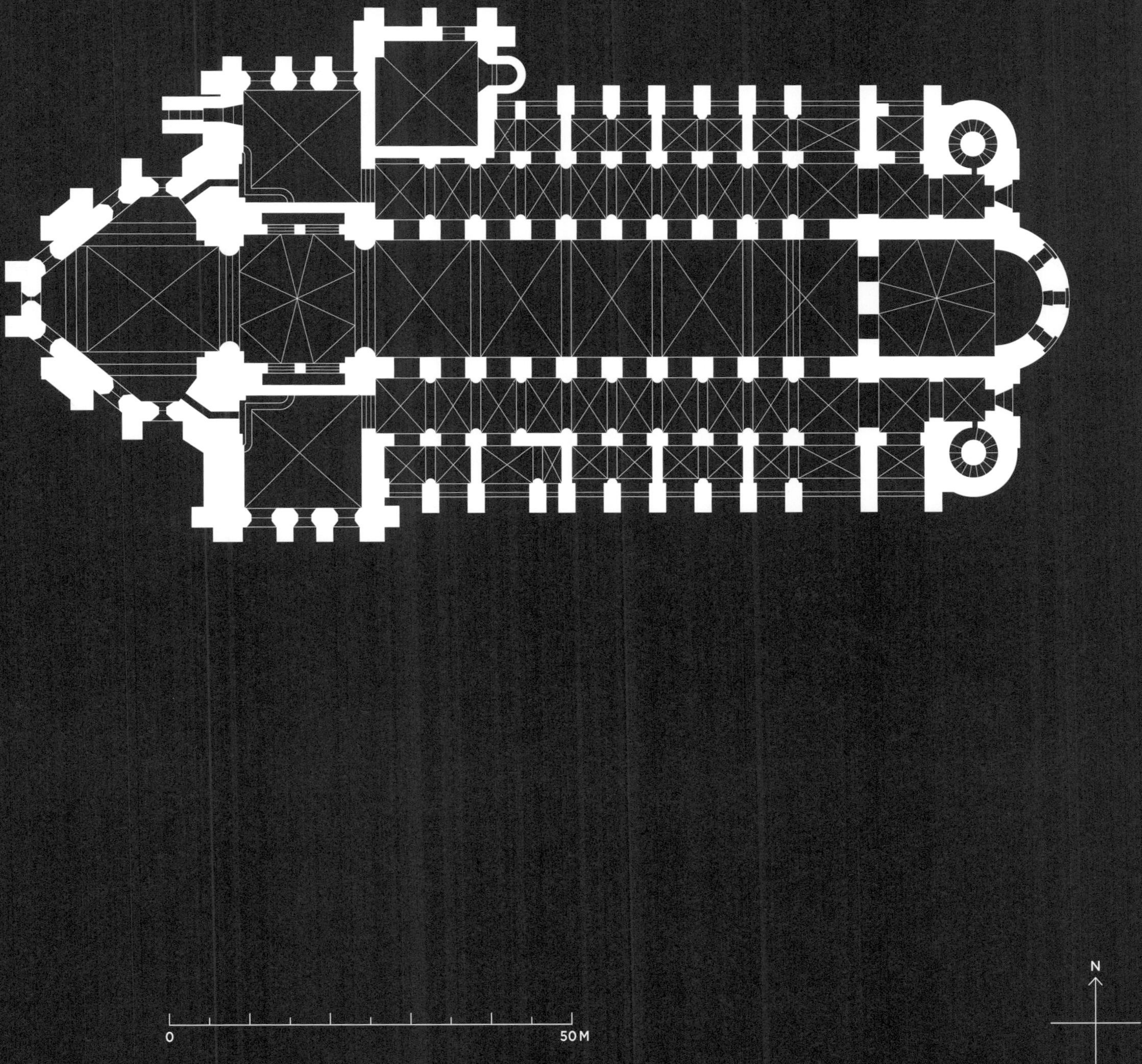

Saint Mary's in the Capitol

Sankt Maria im Kapitol, Cologne
(North Rhine-Westphalia)

쾰른, 카피톨 성모 마리아 성당

→ View of southern apse from southwest
남서쪽에서 보는 남측 앱스 외관

View of nave from west
서쪽에서 보는 네이브 전경

Cologne was settled in Roman times, and was the seat of bishops dating back to the earliest Christian era. Not surprisingly, therefore, Cologne is a veritable cradle of 11th century Romanesque architecture in the Rhineland. There are twelve Romanesque churches dating from this period in the historic center of Cologne alone. Sankt Maria im Kapitol is the largest and most notable of these and constitutes one of the finest artistic building achievements of the Salian dynasty (1024–1125). Construction of the present Sankt Maria im Kapitol

쾰른은 로마시대에 이미 정주 돼었었고, 기독교의 초기부터 주교구로 자리 잡았었다. 때문에 쾰른은 11세기에 번창한 라이강 유역 로마네스크 건축의 보금자리이기도 하다. 쾰른의 구도심에만 이 시기에 창건된 로마네스크 성당 열두 곳이 있다. 카피톨 지구의 성모 마리아 성당은 그중 가장 규모가 크고, 중요한 건축으로 간주되며, 살리어 왕조(Salian dynasty 1024-1125)의 건축예술의 걸작중 하나로 손꼽힌다. 현존하는 성모 마리아 성당은 1040년에 시작되어 1049년에 교황 레오 9세(Leo IX)에 의하여 봉헌되었다. 1065년까지 성당의 본체는 대부분 완성

View of nave elevation composition

네이브 입면구성 모습

commenced in 1040, and the church was consecrated by Pope Leo IX in 1049. Although the main body of the church was substantially completed by 1065, construction continued into the late Romanesque period, and the architecture eventually acquired a Lombard style on its exterior.

As illustrated by the plan, the Sankt Maria in the Kapitol district of Cologne measures about 100 meters long and 40 meters wide, with a trefoil-shaped, three-apse eastern end. While there are two other churches in Cologne with a trefoil plan, Sankt Maria epitomizes the fullest formal resolution and geometric logic of the trefoil-shaped triapsal plan. The aisles are groin-vaulted; while the nave was initially built with a flat timber ceiling, transformation to a sexpartite vault commenced in 1219, making Sankt Maria one of the

되였었으나, 건설공사가 후기 로마네스크 시대까지 이어지면서, 외관 디자인에 점차 롬바르디아 양식(Lombardy style)이 첨가되었다.

평면에서 보듯, 쾰른 카피톨 지구에 건립된 성모 마리아 성당은 약 100 미터 길이, 40 미터 폭의 크기이고, 클로버(trefoil) 모양으로 앱스 세 개가 동쪽에 배치되었다. 쾰른에는 클로버 모양 평면 성당 둘이 더 있으나, 성모 마리아 성당이 클로버 모양, 앱스 세개 평면의 기하학적 논리와 조형적 해법을 가장 원만하게 제시하고 있다. 아일은 그로인 볼트(groin-vault)로 지어졌고, 네이브는 초기에는 목조 평 천정으로 건설되었든 것이 1219년에 석조로 육분 볼팅(sexpartite vaulting)으로 개축되었는데, 이것은 현 독일 지역에 이 기법으로 지어진 이른 예의 하나이다. 카피톨 성모 마리아 성당에서 성단소는 네이브의 동쪽 마지막 베이와 크로씽이 연결되는 위치에 18세기에 제작된 성단소 스크린(rood screen)

→ View of western nave from west

서쪽에서보는 서측 네이브 전경

View of northern apse from south

남쪽에서 보는 북측 앱스 전경

earliest vaulted churches on present-day German soil. The chancel in Sankt Maria is located at the junction of the easternmost bay of the nave and the crossing and boasts an 18th century rood screen. The eastern apse of the trefoil plan serves as the choir, while the northern and southern apses (with their centered entrances) are left free of seating today. As a result of this distribution of axial circulation and activity, one feels a distinct sense of north-south as well as east-west movement inside Sankt Maria.

으로 구획되어 있다. 클로버 모양 평면의 동쪽 앱스가 성단소 및 성가대석의 본체를 형성하고, 중앙에 각각 문이 배치된 북쪽과 남쪽의 앱스에는 신도석이 안 놓여있다. 이러한 배치로 인하여, 카피톨 성모 마리아 성당에서는 동서 방향뿐 아니라 뚜렷한 남북 방향의 공간적 무브먼트가 느껴진다.

네이브 입면 구성을 보면, 주두가 얹혀 진 피어(pier) 대신에, 좁은 코니스(cornice)로 장식된 넓은 피어들이 네이브 벽을 구성하면서 이 네이브 벽면을 아치들이 일정한 간격으로 도려내고 있는 것을 볼 수 있다. 네이브 입면은 또한 2차 세계대전 후에 복원을

→ Oblique view of northern apse from southeast

남동쪽에서 대각방향으로 보는 북측 앱스 전경

View of vaulting
at northern apse

북측 앱스의 볼팅 모습

At the nave, in place of piers with capitals, there are very wide piers with relatively thin cornices that form a nave wall rhythmically punctured by half-round arched openings. Analyzing the elevation of the nave must have been agonizing for the post-WW II restoration architects, the remnants of whose structure are clearly visible in the structure of the compound piers of the sexpartite nave vaults dating from the early 13th century. How gratifying it would have been if the sexpartite vaulting had been reconstructed as part of the post-WWII restoration work! For whatever reason, it was not.

The view from the ambulatory at the southern entrance to the northern apse shows that the rood screen for the chancel straddles the western column line of the crossing and is constructed with two sets of four columns. One set occupies the nave side while the other sits at the crossing side, with an organ loft placed within the breadth

수행했던 전문가들이 진지한 고민 끝에 선택했을 것으로 추정되는 13세기 초의 육분 석조 볼팅 피어의 흔적을 볼 수 있다. 전후 복원사업에서 석조로 육분 볼팅이 다시 축조되었었다면 얼마나 좋았을 것인가! 이유가 무엇이었는지는 몰라도, 그것은 복원되지 않았다.

남쪽 정문이 있는 회랑(ambulatory)에서 북쪽 앱스를 향해 보면, 성단소를 이루는 스크린은 크로씽의 서쪽 기둥선에 걸쳐 저 있는데, 두 줄의 기둥 넷씩으로 구성되며, 한 줄의 기둥은 네이브에, 또 한 줄은 크로씽에 배치되고, 그 폭의 중앙 아치 위에 오르간이 놓여 있다. 동쪽 앱스를 직각으로 바라보는 광경이 앱스와 회랑의 풍요한 공간의 겹침을 정확히 포착하는 반면, 북쪽 앱스의 회랑에서 동남쪽을 보는 대각방향 광경은 건축가가 복잡한 성당 구조의 기하학적 결구를 얼마나 논리적으로 잘 해결한지를 보여준다.

카피톨 성모 마리아 성당의 클로버 모양 앱스를 구성하는 기둥들은 쿠션 주두(cushion capital)들이 얹히어 져 있는데, 고전양식의 비례를 따르지

Oblique view of clover-leaf shaped space from northeast

북동쪽에서 대각방향으로 보는 클로버 모양 공간 전경

Exterior view from southwest

남서쪽에서 보는 성당 외관 전경

of the main arch. The axial view of the eastern apse accurately conveys the rich spatial layering of the ambulatory and the apse. An oblique view towards the southeast from the ambulatory of the northern apse shows how logically the master builder worked out the interlocking structure from every perspective.

Finally, the columns that define the trefoil apses of Sankt Maria im Kapitol are adorned with cushion capitals, which are not proportioned in accordance with the norms of Classical architecture but recall instead Byzantine precedents. They also bear a certain resemblance to those of St. Michael in Hildesheim, but are more cubic and tauter.

With its unique trefoil, three-apse plan, clarity of spatial organization, and unity of form, Sankt Maria im Kapitol is justly considered a high point of the Romanesque architecture in the Rhineland of the Salian dynasty.

않고, 비잔틴 양식을 연상시킨다. 이 주두들은 또 한편으로는 힐데스하임(Hildesheim)의 성 미하엘 (St. Michael) 성당 주두들과도 비슷하나, 좀 더 입방체이며, 순수하다.

독특한 클로버 모양 3 앱스 평면, 공간구성의 명료함과 조형적 통일성을 과시하는 카피톨 성모 마리아 성당은 라인 강 유역에 세워진 살리어 왕조 (Salian Dynasty) 로마네스크 건축예술의 걸작으로 간주되는데 부족함이 없다.

Saint Mary's in the Capitol
Cologne

쾰른, 카피톨 성모 마리아 성당

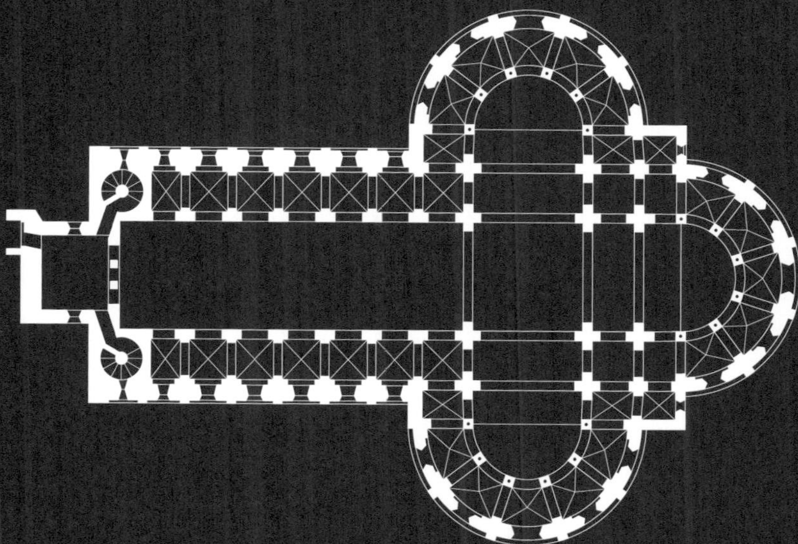

0 50M

N

Trier Cathedral

Dom Sankt Peter zu Trier,
(Rhineland-Palatinate)

트리어 성 페터 대성당

→ View of the cathedral's west façade
서측에서 보는 대성당 정면 전경

View of eastern chancel from west
서쪽에서 보는 동측 성단소 전경

When Constantine the Great, the first Roman Emperor who declared himself a Christian, travelled to the West from Constantinople in order to commemorate the twentieth anniversary of his reign, he stayed in Rome and started construction of the great St. Peter's Basilica. The year was 326 AD. According to certain sources, Constantine also commissioned a major church in Trier (*Augusta Treverorum*, *Trèves* in French), his one-time home, on the site of the palace of his mother Helena. The Cathedral St. Peter of Trier is the old-

역사상 처음 로마황제로서 자신이 크리스티안이라 선포한 콘스탄틴 대제가 오랜 동안의 콘스탄티노플 체재를 뒤로 하고 재위 20년을 기념하여 서방으로 여행하였을 때에, 그는 로마에 체류하면서 옛 성 베드로 바실리카의 창건을 지휘하였다. 그해는 326년이었었다. 어떤 문헌에 의하면, 그는 그의 옛 고향 트리어 (*Augusta Treverorum*, 프랑스어 *Trèves*)의 그의 모친 헬레나(Helena)의 옛 궁전 터에 큰 성당의 창건을 명하기도 했다. 트리어의 성 베드로 대성당은 독일에서 가장 오래된 대성당이며, 신성로마제국의 선제후 대주교구 (archbishops-electors)중 하나이다.

est cathedral in Germany, and was the seat of one of the archbishops-electors of the Holy Roman Empire. Trier Cathedral, as befits its significance in history of Western civilization, is a unique work of architecture that fuses early, mature, and late Romanesque styles around an early 4th century Roman nucleus. The Constantinian church is said to have been about four times as large as what has come down to us today. Extensive damage to the church in the 5th, and then again in the 9th centuries left it in ruins, but the cathedral was re-built starting in 1035 in the early Romanesque style. Cross-rib vaults were constructed in the late Romanesque style in the 12th century.

Trier Cathedral is laid out as a basilica plan with a nave, side aisles, eastern transept, and two apses, but it has some compelling and unusual architectural features. The extant part of the 4th century Roman basilica, an approximately 42-meter square structure shown in shade on the floor plan, forms the core of the cathedral. The square bay (B) in the center, about 18 meters on each side, was joined by rectangular bays (A) on all four sides. The center square bay had become the crossing, and the transepts were finished flush with the outer walls to the north and south. The nameless master builder of the 11th century building workshop, quite brilliantly, expanded the structure by adding another square bay, as well as a rectangular bay to the west, setting up a rhythm of A—B—A—B—A for the nave itself. Then, a somewhat shorter rectangular bay for the chancel was built to the east. The eastern and western apses were joined later to the newly formed nave, and are as wide as the nave.

The western façade of Trier Cathedral that faces Liebfrauenstrasse and a spacious town square presents a one-of-a-kind Romanesque *Westwerk*. At its outer corners, two cylindrical stair turrets are placed forward of the cubical blocks defining the western towers of different heights above, with the turrets and tower bases connected diagonally. In front of the towers, on axes with the interior aisles, are the tall entrance bays with significant upper story-arches and re-liefs. At the center, flanked by the entrances, is the very wide half-round western apse, completed in 1196. Stair turrets that have been pulled forward, the stepping of entrance bays with the somewhat squat towers behind, and the ample apse in the middle all contribute to making the westwork of Trier Cathedral quite an anomaly relative to other

Exterior view of the cathedral from southeast with *Liebfrauenkirche* on the left

남동쪽에서 보는 대성관 외관 모습과 왼쪽의 리브프라우키르헤

서양사에서의 중요도에 걸맞게, 트리어 대성당은 4세기 로마건축의 중심을 둘러싸고 초기, 중기, 후기 로마네스크 양식 구조를 융합한 독특한 건축 작품이다. 콘스탄틴 대제의 성당은 지금 남아있는 건축의 네 배 크기였었다고 전해진다. 5세기와, 또 한번 9세기의 대대적인 파괴로 인하여 폐허가 되었던 트리어 대성당은, 1035년에 초기 로마네스크 양식으로 재건되기 시작하였다. 12세기에 후기 로마네스크 양식의 크로쓰 리브 볼트(cross rib-vault)를 갖춘 네이브가 건설되었다.

트리어 대성당은 전반적으로 네이브와 두 아일, 동쪽 트랜셉트와 동, 서 앱스를 갖춘 바실리카 형 평면으로 구성되었는데, 주목을 끄는 독특한 건축적 요소를 포함하고 있다. 4세기 로마 양식 바실리카의 남아있는 부분, 즉 평면에서 오른쪽(동쪽)에 있는 약 42 미터 정방형 부분이 대성당의 핵심을 구성하며, 약 18 미터 정방형 베이(B)의 네 변에 폭 12 미터의 장방형 베이(A)가 연결되었다. 중심에 있는 정방형 베이가 크로씽 이 되었고, 남쪽과 북쪽의 트랜셉트의 끝은 대성당 자체의 남, 북 외곽과 일치한다. 11세기 건설공방의 무명의 건축가는 아주 재치 있게 서쪽으로 또 하나의 정방형 베이와 장방형 베이를 증축하여 네이브의 A-B-A-B-A 리듬을 이룩하였다. 동쪽으로는 성단소를 구성하는 조금 짧은 베이가 증축되었고, 이렇게 형성된 네이브에 같은 폭의 북쪽, 남쪽 앱스가 첨가되었다.

View of nave vaulting at the center of the cathedral

대성당 중앙의 네이브 볼팅 모습

well-known works of Carolingian and Ottonian architecture, which have taller, flush westworks.

The longitudinal view toward the eastern apse shows the nave appearing to be shorter than its actual length of about 80 meters, probably due to the absence of a rhythm set up by regularly spaced piers and columns, which is what would occur in a normative Romanesque church. An analysis of the nave elevation of the more western of the two square bays further illustrates this point. Here, the relatively narrow south aisle reads as a lateral expansion of the nave space itself, rather than appearing as the continuation of a linear "aisle" running parallel to the nave in the east-west direction. The aisle space here has been transformed into a sort of shallow narthex for the door from the adjoining *Liebfrauenkirche* (Church of our Lady) of the mid-13th century.

A closer view of the crossing toward the eastern apse shows that the steps to the choir start at about the midpoint of the crossing. A very elaborate Baroque altar is placed high up in the six-sided apse with ornate Gothic ribs adorning the vault ceiling. The view from the raised eastern choir looking west clearly conveys the unique spatial character of Trier Cathedral: again, due to the lateral expansion of the nave space at the square bays and the absence of a regular rhythm, the sense of lengthwise sweep is halted here. From the entrances on either side of the western apse, the sense of movement toward the eastern chancel is subdued. The result is a nave that projects a calm and deeply contemplative atmosphere in which to worship.

The view looking straight up to the nave vault reveals a rectangular bay at the midpoint of the cathedral containing a Baroque organ loft, as well as the crossing to the east (down) and the "narthex" bay with gallery above to the west (up). Trier Cathedral is 26 meters high at the crown of the nave vaulting, and the width of the nave measures approximately 18 meters. The view of the eastern choir looking north shows on the left a generous Gothic arch with an amply-lit gallery above, along with a well-crafted choir screen. The view of the north aisle at the western square bay opposite the "narthex" on the south side, looking east, accurately conveys a feeling of release and expansion northward of the nave space, with the relatively narrow aisle space beyond reading as a separate spatial compartment, rather than as a linear continuation of the north aisle.

리브프라우엔슈트랏세 *(Liebfrauenstrasse)* 와 넓은 광장에 면한 트리어 대성당의 서쪽 입면은 로마네스크 웨스트워크(westwork) 중에서도 독특한 예인데, 그 이유는 바깥 모서리에 두 개의 원통형 계단탑(stair turret)이 높이가 다른 두 서쪽 타워보다 앞으로 배치되었고, 타워의 밑 부분과 원통형 계단탑이 대각방향으로 연결되어 있기 때문이다. 두 타워의 전면에는 내부 아일의 축과 일치하게 큰 규모의 상층부 아치와 부조(relief)가 첨가된 정문 베이 두 개가 배치되었다. 이 두 정문 베이 사이에 1196년에 완공된 반원형 서쪽 앱스가 놓여 있다. 앞으로 나와서 배치된 두 개의 계단 탑, 정문 베이에서 좀 둔탁한 타워 밑 부분으로 층이 지게 한 것, 중앙에 놓인 아주 폭이 넓은 반원형 앱스, 이 모두가 트리어 대성당의 웨스트워크를 좀 더 높고, 정면이 평평한 카롤링거(Carolingian) 양식, 또는 옷토(Ottonian) 양식 건축의 익숙한 예 보다 독특한 모습을 보이게 하는데 일조한다.

동쪽 성단소를 향해서 보는 네이브의 길이는 그 실제 길이 약 80미터처럼 길어 보이지 않는다. 그것은 아마도, 전형적인 로마네스크 교회 공간에서 볼 수 있는 규칙적으로 배열된 피어와 기둥들이 만들어 내는 리듬이 없기 때문에 비롯된다고 보인다. 네이브의 두 개의 정방형 베이 중 서쪽 베이의 입면구성이 이 점을 더 명확하게 보여준다. 여기에서 상대적으로 폭이 좁은 남쪽 아일은, 네이브와 평행으로 동서 방향으로 전개되는 선형(linear) 아일의 연장으로 보이는 대신, 네이브 공간 그 자체가 옆으로 팽창된 듯이 보인다. 이곳 아일 공간은 13세기 중반에 인접해서 지어진 성모 마리아 성당 *(Liebfrauenkirche)* 의 정문을 위한 짤막한 나르텍스(narthex) 역할을 한다.

동쪽 성단소를 향해서 크로씽을 자세히 보면, 성가대석으로 올라가는 계단이 크로씽의 중앙에서 시작되고, 화려한 고딕 리브 장식을 한 육각형 앱스 안쪽에 정교한 바로크 제단이 놓인 것을 볼 수 있다. 높게 배치된 동쪽 성가대석에서 서쪽을 향해서 보는 네이브 전경이 트리어 대성당의 독특한 공간의 느낌을 충실하게 전달한다. 앞서 언급했듯이, 정방형 베이 에서의 네이브 공간의 좌우로의 팽창과, 동서방향 리듬이 약화된 까닭에, 이 두 곳에서 네이브 길이 방향으로의 시선이 멈춰진다. 서쪽 앱스의 양쪽 정문에서 동쪽 성단소로 향하는 움직임의 느낌이 늦춰진다. 그 결과로, 네이브는 고요하고 지극히 사색적인 종교적 공간으로 닥아 온다.

네이브 볼팅을 올려다보는 광경은 대성당 중앙에 있는 장식적인 바로크 오르간 로프트, 동쪽으로 크로씽 (아래쪽), 갤러리가 위에 놓인 "나르텍스" 베이 (윗쪽)를 보여준다. 트리어 대성당은 네이브의 정점의 높이가 26 미터 이고, 네이브 폭은 약 18 미터이다. 동쪽 성가대석에서 북쪽을 보면 왼쪽으로 넓은 폭의 고딕 아치와 그 위의 광선이 잘 들어오는 갤러리, 정교하게 세공 된 성가대석 스크린도 시야에

View of nave from west

서쪽에서 보는 네이브 전경

View of nave from the eastern chancel

동쪽 성단소에서 보는 네이브 전경

One special treasure of Trier Cathedral, although rarely put on public view, is the Holy Tunic of Christ. Legend has it that this tunic was worn by Christ shortly before he was crucified, and that it was subsequently brought to Trier by Helena (later St. Helena) upon completion of a pilgrimage to the Holy Land, and entrusted to the new church of her son Constantine on the grounds of her residence.

들어온다. 두 개의 정방형 베이중 서쪽에 있는 베이에 인접한 북쪽 아일을 동쪽으로 볼 때에 네이브 공간이 좌우로 팽창하는 감각이 정확하게 전달되는데, 비교적 좁은 아일 공간이 북쪽 아일의 연장으로 인지되는 대신, 별개의 공간으로 느껴진다.

비록 일반에게 전시되는 일은 드무나, 트리어 대성당의 특별한 보물은 그리스도가 십자가에 못 박히기 전에 입었다고 전해지는 성의인데, 헬레나(나중에 성녀 헬레나)가 성지순례를 마치고 돌아올 때에 예루살렘에서 트리어로 갖고 와서 자신의 저택 부지에 세워진 아들 콘스탄틴의 새 대성당에 위탁했다고 전해진다.

Trier Cathedral St. Peter

트리어 성 페테 대성당

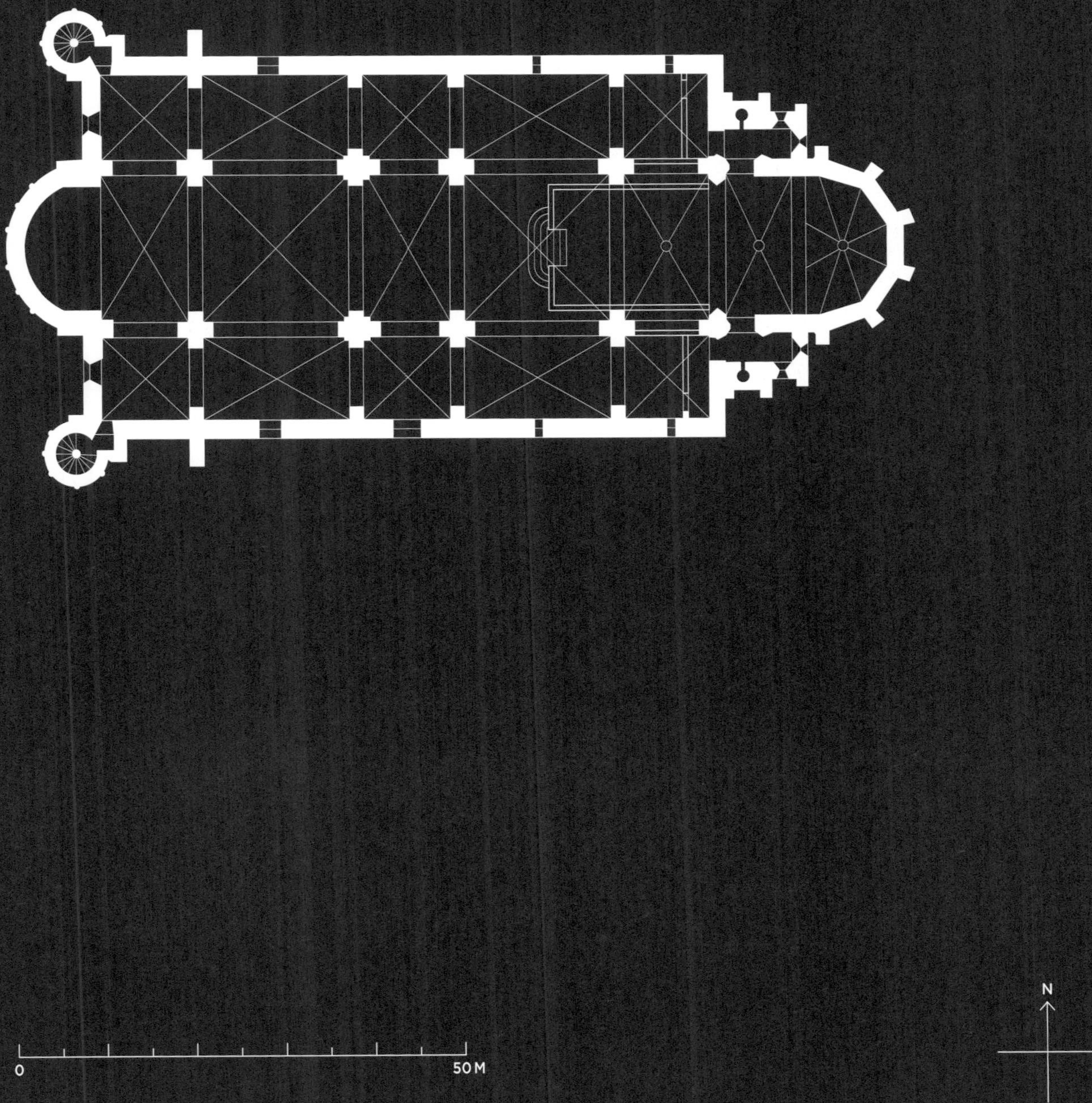

The Benedictine Abbey Church of Maria Laach
(Rhineland-Palatinate)

마리아 라흐
베네딕트 수도원 성당

↑ Exterior view from northwest

북서쪽에서 보는 외관 전경

View of nave from west

서쪽에서 보는 네이브 전경

The Benedictine abbey of Maria Laach, some 30 kilometers from Koblenz, was founded in 1093 in honor of Mary, the Holy Mother of God, and of St. Nicholas, when Heinrich II of Laach, Count Palatine of the Rhine, and his wife Adelheid donated land at the southwestern shore of Laach Lake, and the Archbishop of Trier signed the document of foundation. (*Laach* is the Old High German word for "lake," and has been preserved in the geographical name. *Maria* was added to the name of the abbey in the 19th century by the Jesuits

코블렌츠(Koblenz)에서 30여 킬로미터 거리에 있는 마리아 라흐 베네딕트회 수도원은 1093년에 성모 마리아와 성 니콜라스를 기리기 위하여, 라인 왕후령 백작, 하인리히 2세(Heinrich II)와 그의 부인 아델하이트(Adelheid)가 라흐 (Laach) 호의 남서쪽 호반에 있는 부지를 기증하고, 트리어(Trier)의 대주교가 수도원 창립문서를 서명하면서 창건되었다. 라흐(Laach)는 호수를 뜻하는 고 독일어인데, 지명으로 굳었고, 마리아(Maria)는 19세기에 수도원을 운영했던 예수회가 덧 부친 이름이다. 하인리히는롬바르디아(Lombardy)의 건축가와 그의

View of western chancel from east

동쪽에서 보는 서측 성단소 광경

who made their home there.) Heinrich engaged a master builder and building workshop based in Lombardy, and foundations were laid for a new abbey church by the end of 1093. The crypt and a portion of the exterior walls were finished by the time of Heinrich's death two years later, but when Heinrich's widow Adelheid passed away in 1100, construction came to a halt.

Heinrich's heir deeded the abbey to another abbey a decade later, and the status of the fledgling abbey was reduced to a priory. In 1138, however, the abbey became independent as a Cluniac Benedictine house. The work on the partially constructed church building resumed in 1152, and the crypt, a nave with timber roof, and a western choir were consecrated in 1156. The east tower and the west gallery were completed by 1177. The west porch with an atrium, named "Paradiso," was constructed between 1220 and 1230 by a

건설공방에게 건축을 위촉하여, 1093년 말에 수도원 성당의 기초가 축조되었다. 2년 뒤, 하인리히의 서거시에 크립트와 외벽 일부가 완성되었으나, 1100년에 미망인 아델하이트 마저 서거하자 성당건설공사는 중단되었다.

약 십년 뒤, 후예중 하나가 유년기의 수도원을 타 지역의 수도원에게 양도하면서, 마리아 라흐는 하나의 소수도원(priory)으로 격하되었었으나, 1138년에 독립하여, 클뤼니(Cluny) 휘하의 베네딕트회 수도원으로 재 발족하였다. 1152년에 성당 중건사업이 다시 시작되어, 4년후에 크립트, 목조 천정으로 지어진 네이브와 서쪽 성단소가 봉헌되었고, 동쪽 타워와 서쪽 회랑(gallery)이 1177에 완성되었다. 1220-30년 에는 "낙원(Paradiso)"이라고 이름 지어진 아트리움(atrium)을 갖춘 서쪽 포치(porch)가 부르고뉴의 건설공방에 의하여 완공되었다. 부르고뉴 출신 건축가는 목조 천정을 교체한 석조 볼팅의 네이브와 두 개의 서쪽 타워도 건설했을 것으로 추정된다.

→ View of western porch with "Paradiso" atrium

"파라디소" 아트리움을 둘러쌓는 서쪽 포치 모습

EGO SUM VIA VERI
TAS ET VITA

→ View of western apse with organ loft from east

동쪽에서 보는 서측 앱스와 오르간 로프트 전경

building workshop based in Burgundy. The Burgundian master is also thought to have built the stone vaulting of the nave that replaced the original timber roof, as well as two western towers.

The late 17th century and 18th century saw a series of extensive renovations in the Baroque style, but the abbey church was mercifully restored to its original design in the 1930's as part of Kaiser Wilhelm II's 1897 initiative to bring Maria Laach back to its former Romanesque splendor. Wilhelm II was also responsible for having the eastern apse adorned with the mosaic of the Christ Pantocrator, modeled after one found at Monreale Cathedral in Sicily.

17세기 말엽에서 18세기에 걸쳐 일련의 바로크 양식의 대규모 "개축사업"이 있었으나, 다행이도 1897년 빌헬름 2세(Wilhelm II) 황제의 칙령에 의한, 마리아 라흐 수도원 성당의 로마네스크로의 복원 사업으로 1930년에야 옛 모습을 되찾게 되었다. 빌헬름 2세는 또 시칠리아, 몬레알레(Monreale) 대성당의 모자익을 본 딴 "전능하신 크리스토(Christ Pantocrator)"를 동쪽 앱스에 재현하도록 지시한바 있다.

마리아 라흐의 평면구성은, 동쪽과 서쪽 앱스와 트랜셉트를 갖춘 힐데스하임 (Hildesheim)의 성 미하엘(St. Michael) 성당을 연상시키는데, 폭이 그리 넓지 않은 서쪽 아트리움은 초기 기독교 양식의 요소에 가깝다. 반면, 외관의 구성은 라인 강변의 두

View of eastern chancel with Christ Pantocrator mosaic

전능하신 크리스토 모자익을 갖춘 동측 성단소 전경

The plan organization of Maria Laach is reminiscent of Saint Michael in Hildesheim. It has both eastern and western apses as well as a transept, while the relatively shallow atrium on the west is something like an Early Christian element. The dynamic exterior composition, on the other hand, bears an immediately recognizable resemblance to two of the Imperial Cathedrals along the Rhine: Worms and Mainz. "The church exterior, with its six towers, is very *mouvementé*," to quote Kenneth John Conant. Two entrances to the church at the western ends of both the north and south aisles connect the aisles to the gallery surrounding the "Paradiso" atrium.

The spatial character of the church's nave can also be related to Worms and Mainz: the height of its nave is lower and its width narrower; therefore, its proportion resembles that of a *Kaiserdom*. It therefore displays a more human scale, while retaining elegance. The nave is five bays long, and the adjoining westernmost bay has a tribune gallery that defines the western choir.

The crossing at the eastern end is defined by north and south transepts planned as an alignment of three square bays. The compound piers and shafts of dark sandstone create a slow-moving spatial progression that commences at the west entry and extends toward the eastern chancel and apse. A Christ Pantocrator mosaic adorns this pathway of piers and shafts. The shafts in turn conjoin with the slightly flattened (basket handle) half-round nave arches that demarcate each groin-vaulted bay. Light from relatively small clerestory windows and side wall windows create an austere interior atmosphere. The tribune gallery over the western choir is a cradle for a modern-day organ.

Maria Laach is an offspring of the Carolingian renaissance that swept through Europe for three centuries. It is to the credit of the church's master builders and their patrons for the successive building campaigns that Maria Laach became a significant work of High Romanesque architecture in Germany in the same league as the Imperial Cathedrals along the upper Rhine. This occurred despite the Gothic impulse that reached maturity during the century of the abbey church's prolonged construction. The sculpturally dynamic but harmonious silhouette of its exterior massing, along with the solemn and deeply spiritual quality of its interior space, coalesce in a work of noble beauty. Maria Laach captures the imagination of all who travel to pay homâge there.

개의 황실 대성당(*Kaiserdom*), 보름즈(Worms)와 마인츠(Mainz)를 금방 머리에 떠오르게 한다. 켄네스 죤 코난트(Kenneth John Conant)의 표현을 빌자면, "여섯개의 타워를 갖춘 성당외관은 매우 역동적 *(mouvementé)* 이다." 남쪽과 북쪽 아일의 서쪽 끝에 놓인 두 개의 정문은 "낙원" 아트리움을 둘러싸고 있는 회랑에 연결된다.

마리아 라흐의 네이브 공간의 성격역시, 보름즈와 마인츠의 전체적 공간 분위기를 닮았다고 묘사할 수 있다. 네이브의 높이는 좀 낮고, 폭도 좀 좁기 때문에 비례가 황실 대성당 *(Kaiserdom)* 비슷하다. 때문에 마리아 라흐의 내부공간은 좀 더 휴먼 스케일이면서, 우아하다. 네이브는 다섯 베이의 길이를 갖고 있고, 서쪽으로 연결된 마지막 베이가 서쪽 성단소를 구성하며, 그 위에 트리뷴 갤러리(tribune gallery)가 배치되었다.

성당의 동쪽을 보자면, 크로씽과 북쪽, 남쪽 트랜셉트가 세 개의 연결된 정방형 베이를 이룬다. 짙은 회색 샌드스톤으로 지어진 복합 피어(compound piers)들과 샤프트(shaft)들이 서쪽의 입구에서, "전능하신 크리스토" 모자익이 안치된 동쪽 성단소와 앱스를 향해서 완만한 공간이동의 느낌을 자아낸다. 한편으로 샤프트들은 반원보다 조금 납작한(바스켓 손잡이 basket handle) 네이브 아치들을 받쳐주면서 그로인 볼트(groin vault)로 구축된 베이 하나, 하나를 구획해 주고 있다. 비교적 작은 클리어스토리 창과 아일의 창을 통하여 스며드는 광선은 성당 내부의 엄숙한 분위기를 만들어 낸다. 서쪽 성단소 윗부분에 지어진 트리뷴 갤러리에는 현대에 제작된 오르간이 설치되어있다.

마리아 라흐는 3세기 동안 유럽을 휩쓸은 카롤링거 르네상스의 산물이다. 한 세기동안 진행된 건설공사의 오랜 세월 동안, 연 이은 성당건설을 위촉하였던 패트런, 수도원장, 수행한 건축가들의 안목과 판단력 덕분에, 이미 원숙 되었던 고딕 건축 양식을 도입하려는 충동에도 현혹되지 않고, 마리아 라흐는 라인 강 상류의 황실 대성당의 위상에 버금가는 독일 성기 로마네스크 건축으로 완성될 수 있었던 것이다. 조각적이고 조화로운 외관의 실루엣과 엄숙하고 지극히 종교적인 내부 공간이 융합되어 고귀한 건축 작품이 태어나게 되었고, 마리아 라흐는 모든 방문객의 상상력을 사로잡는다.

The Benedictine Abbey Church of Maria Laach

마리아라흐 베네딕트회 수도원성당

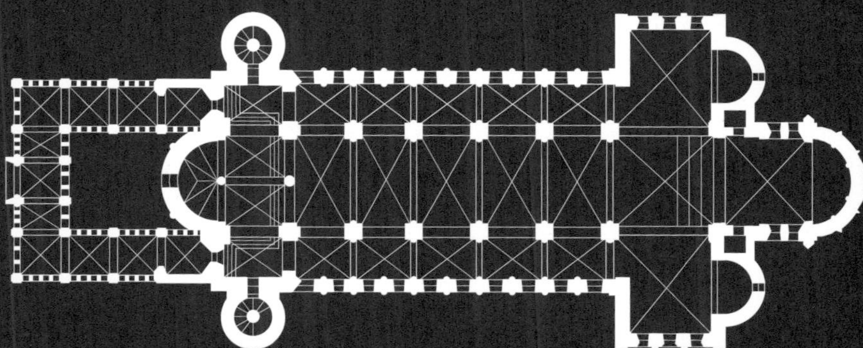

0 50 M

N

The Abbey Church of St. George

Sankt Georg, Reichenau-Oberzell (Baden-Wuerttemberg)

라이헤나우-오버첼

성 게오르그 수도원 성당

→ Exterior view of the church from southwest

남서쪽에서 보는 성당 외관 전경

View of nave from west

서쪽에서 보는 네이브 전경

Hatto III, Archbishop of Mainz and Abbot of Reichenau Abbey, travelled to Rome in 896 during the time of Pope Formosus. There, he came upon relics of St. George and brought them back to his monastery in Lake Constance. The Reichenau Abbey in Oberzell became the final resting place of these important relics, including a piece of St. George's skull. It is said that the 7th century Early Christian church of San Giorgio Velabro in Rome played a significant role in Hatto's acquisition of the relic, and in this period, constituting the early part of the Middle Ages, veneration of St. George gradually spread from Italy to the Frankish land across the Alps.

마인츠의 대주교이자 라이헤나우(Reichenau) 수도원장이던 핫토 3세(Hatto III)는 포르모수스 교황(Pope Formosus)이 재위하던 때인 서기 896년에 로마에 가서 성 게오르그의 유물을 입수하게 되어, 콘스탄스 호반(Lake Constance, *Bodensee*)에 있는 그의 수도원으로 가져와, 오버첼(Oberzell)에 있는 수도원이 성자의 해골 일부를 포함한 중요한 유물의 안식처가 되었다. 핫토가 성 게오르그의 유물을 입수하게 된 데에는 7세기에 로마에 지어진 산 죠르죠 벨라브로(San Giorgio Velabro) 초기 기독교 양식 성당이 어떤 역할을 한 것으로 전해진다. 중세기의 처음 몇 세기 사이에 성 게오르그의 숭배는 알프스 산맥을 넘어서 이탈리아에서 점차 프랑크 왕국으로 전파되었다.

→ Exterior view of the church from southeast

남동쪽에서 보는 성당 외관 전경

View of northern nave wall with Ottonian fresco paintings

옷토 양식 프레스코 그림이 그려진 네이브 북쪽 벽 광경

The Abbey Church of St. George is situated on a gentle hill at the eastern tip of the Reichenau island on Lake Constance. It is a late Carolingian structure built at the end of the 9th century, and expanded in later times. It is laid out as a basilica plan with a nave, and is relatively wide given the time of its construction, with two low-ceiling aisles and a raised eastern choir over the crypt. It is reasonable to assume that the wide nave stems from its function as a shrine to honor St. George. The nave is covered with a high painted wooden

성 게오르그 수도원 성당은 콘스탄스 호의 라이헤나우 섬 동쪽 끝의 완만한 언덕에 자리 잡고 있다. 이 성당은 9세기 말엽에 지어져서 나중에 몇 차례 증축된 후기 카롤링거 양식 건축이다. 성당은 바실리카 형식의 평면으로, 창건 당시로서는 꽤 넓은 네이브와, 낮은 천정의 두 아일, 크립트 위에 지어진 성단소로 구성되었다. 성 게오르그의 유물을 봉안하는 성당으로서 넓은 네이브가 요구되었을 것이라고 유추할 수 있다. 오늘날 네이브는 높은 도장된 목재 천정으로 덥혀 있다. 건축가는 정방형을 선호했던 카롤링거 시대 건축가들의 후예 답게,

View of wooden ceiling over nave
목조 네이브 천정 모습

ceiling. The master builder was an heir to the Carolingian building tradition with its predilection for square forms, vertically stacked three square elements that are only slightly narrower than the nave, a crypt for enshrining the relics, a "crossing," and a square tower over the crossing.

As there is no transept at St. George, reference to a "crossing" requires elaboration. At St. George, the crossing marks the location of the choir/chancel. It is defined by tall walls on all four sides, high but narrow round arched openings at east and west, and low openings at north and south due to the absence of transept wings. It is what Hans Erich Kubach defined as a "tied-off *(abgeschnürt)*" crossing. The upper portion of the crossing walls extends above the nave roof to form the tower. It is easy to deduce that in the course of evolving from late Carolingian to Ottonian architecture, the walls gradually transformed into piers at the four corners of the crossing (as at St. Michael in Hildesheim, built about a century later). Today the crossing at St. George is covered by a cross-rib vault, approximately on a level with the flat nave ceiling. The eastern apse, another square, is joined to the crossing. A half-round western apse was constructed at the beginning of the 11th century, and the main entrance is located at the western apse.

The columns that define the nave and aisles have pronounced entasis, and are surmounted by cushion capitals of a pure geometry with painted ornaments. Above the nave arcades and running the length of the nave space, smooth, tall walls with small, high clerestory windows close to the ceiling are covered with frescoes. The north and south walls of the nave serve as the canvas for a very highly regarded narrative cycle of Ottonian fresco paintings that depict Jesus's miracles. Restored in 1880, they form an important part of the justification for granting the entire island of Reichenau a UNESCO world cultural heritage designation.

성당의 동쪽에 네이브 폭 보다 조금 좁은 정사각형 셋을 포개놓았는데, 유물을 봉안한 크립트, 그 위에 "크로씽", 또 그 위에 정사각형 타워가 세워졌다.

성 게오르그 수도원 성당에는 트랜셉트(transept)는 없으므로, "크로씽"이라고 표현 한 것을 설명할 필요가 있다. 성 게오르그 성당에서 크로씽이라 부른 곳은 성단소이자 성가대석이 있는곳이고, 그 공간은 네 면이 모두 높은 벽으로 지어졌는데, 동쪽과 서쪽 벽은 조금 폭이 좁은 아치 개구부로 열려 있고, 남쪽, 북쪽 벽은 트랜셉트의 날개가 없으므로 낮은 개구부가 있다. 이 성당에서 우리가 체험하는 크로씽은 쿠바흐(Hans Erich Kubach)가 이름지은 "묶여진 *(abgeschnürt)*" 크로씽이다. 크로씽 벽의 윗부분은 네이브 지붕 위로 더 높이 지어져서 타워를 형성한다. 후기 카롤링거 양식에서 옷토 양식 건축으로 발전하는 과정에서, 약 백년 후에 창건된 힐데스하임(Hildesheim)의 성 미하엘 성당(*Michaelskirche*)에서 볼 수 있듯, 네 벽면이 크로씽의 네 모서리의 피어로 점차적으로 변모했을 것이라 쉽게 유추할 수 있다. 오늘날 크로씽은 평활한 네이브 목재 천정 높이와 비슷한 레벨에 크로스 립 볼트(cross-rib vault)로 마감되었다. 또 하나 정방형 평면의 동쪽 앱스가 크로씽에 연결되어 있고, 반원형의 서쪽 앱스는 11세기 초에 지어져서 그 곳에는 성당의 주 출입구가 놓여있다.

네이브와 아일을 분리하는 기둥들은 두드러진 엔타시스(entasis)를 보이고, 그림으로 장식된 단순한 기하학적 형태의 캐피탈 들이 위에 놓여있다. 네이브 아케이드 위로 네이브 공간 길이를 가로지르는, 천정 가까이 높게 배치된 고창(clerestory window)이 있는 평평하고 높은 벽면은 프레스코로 빽빽이 덥혀 있는데, 북쪽, 남쪽 네이브 벽면 모두가, 예수의 기적을 묘사하는, 높이 평가받는 옷토 양식 프레스코 회화 전기 사이클을 위한 캔버스 역할을 한다. 이 프레스코는 1880년에 복원되어서, 라이헤나우 섬 전체를 유네스코 문화유산으로 등재하게 한 중요한 존재이유 이기도 하다.

The Abbey Church of St. George
Reichenau-Oberzell

라이헤나우-오버첼 성 게오르그 수도원성당

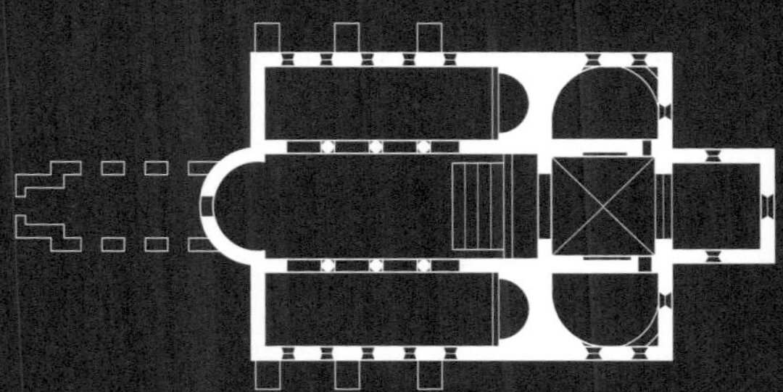

Collégiale Sainte-Gertrude
Nivelles, Belgium

니벨
생뜨 제르뜨뤼드 교우회 성당

→ Exterior view from northeast
북동쪽에서 보는 성당 외관 전경

View of nave from west
서쪽에서 보는 네이브 전경

Nivelles is a municipality in the Belgian province of Walloon Brabant which had a population of around 28,000 in 2016. Its fertile land, settled around the 4th century BC, was invaded by Romans in the 1st century, and again by Germanic tribes in the 3rd century. By the 7th century, Nivelles belonged to the Frankish kingdom. Archaeological excavations indicate that during the Middle Ages, there were several houses of worship on the site of the present Romanesque church, as well as a Benedictine convent founded in the mid-7th cen-

니벨(Nivelles)은 벨기에 왈론-브라반트(Walloon-Brabant) 주에 있는 인구 28,000의 도시이다. 기원전 4세기경에 이미 정주되었던 비옥한 이 지역은 1세기에는 로마에게 침략당했었고, 3세기에는 게르만 족이 침략하였었으며 7세기에 이르러서 이 지역은 프랑크 왕국에 속하였다. 현 로마네스크 성당 자리에는 중세에 여러 교회가 세워졌던 유적이 있으며, 7세기에 란덴(Landen)의 페핀(Pépin)의 미망인 아끼뗀(Aquitaine)의 잇따(Itta)가 창건한 베네딕트 회 수녀원이 있었다. 그들의 딸 제르뜨뤼드(Gertrude)가 초대 수녀원장 이었고, 그녀는 17세기에

tury by Itta of Aquitaine, widow of Pépin the Elder of Landen. Their daughter Gertrude was the convent's first abbess and was declared a saint by Pope Clement XII in the 17th century. By the 15th century, the abbey was organized as a collegiate church for canonesses and continued to function as such until its dissolution at the end of the 18th century. While there is no reference to the identities of the successive master builders, it is documented that construction of Collégiale Sainte Gertrude's main body, still standing today, commenced at the dawn of the 11th century. It was

교황 클레멘트 12세(Clement XII)에 의하여 성녀로 추앙되었다. 15세기에 이르러서 여 교우(canoness) 들을 위한 교우회 성당(Collegiate church, 불어 *collégiale)* 으로 재구성되었다가 18세기 말에 해산될 때까지 존속하였다. 역대의 건축가들에 관한 기록은 없으나, 지금 서 있는 성당 본체의 공사는 11세기 초에 시작되어서 1046년에 신성로마황제 하인리히 3세의 참석 하에 리에쥬(Liège)의 대주교였던 와조(Wazo)에 의하여 봉헌되었다. 오늘날 생뜨 제르뜨뤼드 (Sainte-Gertrude)는 카톨릭 성당이다.

방문객이 니벨 도심에서 처음 보게 되는 생뜨 제르뜨뤼드 성당의 모습은 12세기 말엽에 완공된

→ View of west façade
서측 정면 전경

View of western apse from nave
네이브에서 보는 서측 앱스 모습

View of tribune gallery at the western apse

서측 앱스 상부 트리뷴 갤러리 전경

View of southern aisle with rib vault

리브 볼트로 마감된 남쪽 아일 광경

Overleaf: View of nave from the eastern choir

앞쪽: 동측 성가대석에서 보는 네이브 전경

consecrated in 1046 by Bishop Wazo of Liège, in the presence of Heinrich III, Holy Roman Emperor. Sainte-Gertrude today is a Catholic church.

When approaching the Collégiale Sainte-Gertrude in the center of Nivelles, one first sees its imposing westwork, completed in the last years of the 12th century. It has the hallmark of a mature Romanesque Rhineland architecture as found in churches such as Worms or Maria Laach. While it was given the visage of a Gothic central tower through a stylistic transformation, it was restored to the Romanesque style after its partial destruction during World War II. The sculptural composi-

웅장한 웨스트워크(westwork)인데, 그것은 보름즈(Worms), 또는 마리아 라흐(Maria Laach) 같은 라인강 지역의 성기 로마네스크 건축의 독특한 모습을 하고 있다. 이 웨스트워크 정상에는 건축양식의 변천에 따라 2차 세계대전에 파괴되기 전 까지는 고딕양식의 타워가 있었으나, 로마네크 양식으로 복원되었다. 생뜨 제르뜨뤼드 성당의 대단히 조각적인 웨스트워크의 디자인은, 서쪽 입면에 표현된 반원통 앱스, 슬랩 같은 수직면에 여러 층으로 배치된 작은 기둥(colonnette)으로 지지되는 일련의 갤러리 레벨의 개구부, 본체의 남쪽, 북쪽에 연결된 종탑 역할을 하는 원통형 계단 탑(stair turret), 그리고 로마네스크 양식의 팔각형 중심탑이 융합되어 이루어진다.

tion of Sainte-Gertrude's westwork is due to its semi-circular western apse, which is expressed on the façade by the following elements: a series of columned openings at multiple gallery levels on the slab-like vertical mass; a pair of cylindrical stair turrets with bells on either side of the block; and finally, an octagonal Romanesque central tower.

While the westwork of Sainte-Gertrude as described is in the mature Romanesque Rhineland style, the main body of the church is built in the Ottonian style. The plan is laid out with a nave of eight bays in two compartments of four bays each, defined by half round diaphragm arches that spring from sturdy cross-shaped piers, two aisles, a square eastern crossing with transepts of the same width as the nave, and a rectangular western crossing and narrower transepts. Square piers support nave arcades of the same breadth. The cross-rib vaults of both eastern and western transepts are built to a lower height than the timber nave ceiling – a design characteristic found in Ottonian architecture of the Meuse River Valley region. The square-ended eastern apse, with its set of three half-round windows raised over a crypt, serves as the principal chancel today. The modern altar is placed on a wooden platform at the eastern end of the nave; the nave is at a slightly lower level than the apse. Sainte-Gertrude has a length of 102 meters, a generous scale that recalls "the splendor of the Ottonian liturgy," as poetically described by a contemporary writer in a chronicle of the patrimony of Wallonia. The view looking up at the timber ceiling of the crossing and the nave shows the relatively new carpentry, as the restoration after the 1940 World War II bombing was completed only 30 years ago.

The axial view from the eastern choir toward the west amply illustrates the square crossing, spacious transepts, and substantial diaphragm arches demarcating the two halves of the nave. The cross-rib vaults for the aisles were constructed at a later stage of the church building. The view of the north aisle shows off solidly bonded rib vaults with gilt ornaments of crossing. The view toward the west from the rectangular western crossing, which has a font, shows the semi-cylindrical western choir, while a closer view of the tribune level along the north wall of the apse brings to foreground a series of well-lit chambers at the tribune level inside the cylindrical volume. Finally, examining the wall elevation scheme reveals that while there is a cornice running the

length of the nave, the nave wall is basically flush, as though the arcades and clearstory windows are punched out of a sheer masonry plane. Here at Sainte-Gertrude in Nivelles, the unity of piers and arcades, coupled with the sheer surface of the nave wall, give rise to a pure and almost ascetic spatial ambience that one could almost describe as modern in sensibility.

생뜨 제르뜨뤼드의 웨스트워크가 라인강 유역의 성기 로마네스크 양식으로 지어졌다고 언급했다면, 성당의 대부분은 옷토 양식으로 지어졌다. 성당 평면은 여덟 베이가, 네 베이 씩의 두 부분으로 나뉘어 듬직한 십자형 피어에서 솟아오르는 횡경막 아치(diaphragm arch)로 구획되는 네이브와, 두 개의 아일, 정방형의 동쪽 크로씽 및 그곳에 이어지는, 네이브와 같은 폭의 남, 북의 트랜셉트, 장방형 서쪽 크로씽 및 좀 좁은 폭의 트랜셉트로 계획된 바실리카 형이다. 정사각형 피어(pier)들이 같은 두께로 지어진 네이브 아케이드들을 받치고 있다. 동쪽과 서쪽의 트랜셉트는 크로쓰 립 볼트(cross-rib vault)로 시공되었는데, 목재 천정으로 지어진 네이브 천청보다 낮은 레벨에 있으며, 이러한 구성은 뫼스(Meuse)강 유역에 지어진 옷토 양식 성당 건축의 디자인 특징 중 하나이다. 크립트 위에, 직각으로 매듭지어진 정방형 동쪽 앱스가 오늘날 주 성단소로 쓰인다. 동쪽 앱스의 동쪽 벽 에는 세 개의 반원 창이 있다. 네이브의 동쪽끝에 앱스 성가대석의 바닥 레벨보다 좀 낮게 현대적 제단이 놓인 목조 단이 보인다. 생뜨 제르뜨뤼드 성당은 길이가 102미터인데, 왈로니아(Wallonia) 지역 문화유산을 기록한 한 현대 저자의 시적인 표현을 빌자면, "옷토 왕조시대 성당의식의 찬란함"을 상기시키는 웅장한 스케일을 과시한다. 네이브와 크로씽의 천정을 올려다볼 때에 눈에 띄는, 비교적 새롭게 보이는 목재마감은 1940년 폭격후의 복원사업이 불과 30년전 에야 완성됐기 때문이다.

동쪽 성단소에서 서쪽으로 똑 바로 보는 광경이 정방형 크로씽, 널찍한 트랜셉트, 네이브를 2등분하는 굵직한 횡경막 아치를 잘 보여준다. 양쪽 아일의 크로쓰 립 볼트(cross-rib vault)는 네이브 보다 나중에 지어졌다. 북쪽 아일에서 크로쓰 립 볼트의 교차점들이 금빛으로 장식된 것을 볼 수 있다. 세례수단(font)이 앞에 놓인 장방형 서쪽 크로씽에서 서쪽을 보면, 반원 곡면의 서쪽 앱스 성단소와, 앱스의 북쪽 벽면 위로 밝게 채광이 된 트리뷴(tribune)층의 공간들이 시야에 들어온다. 마지막으로, 네이브 벽면 구성을 보면, 작은 코니스가 네이브의 길이를 가로지르고 있음에도 불구하고, 네이브 벽은 기본적으로 일체이고, 아케이드와 고창(clerestory window)들이 하나의 면에서 도려내어 진 것처럼 보인다. 니벨의 생뜨 제르뜨뤼드 성당에서, 일체를 이루는 피어와 아케이드, 네이브 벽면의 순수함이 모두 금욕적 공간감을 자아내는데, 그 감성이 거의 현대적이라 할 수 있다.

View of nave elevation composition
네이브 입면 구성 모습

Collégiale Sainte-Gertrude
Nivelles

니벨 생뜨 제르뜨뤼드 교우회 성당

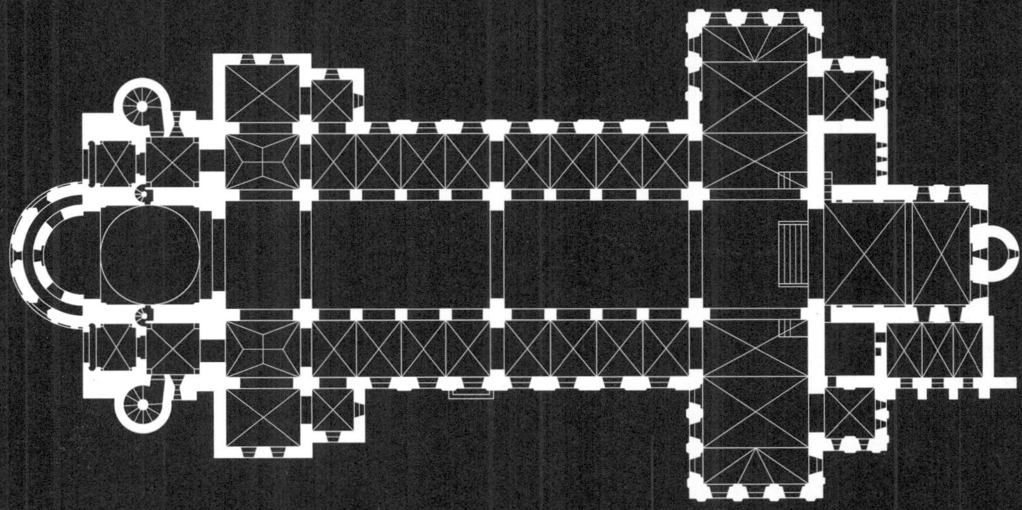

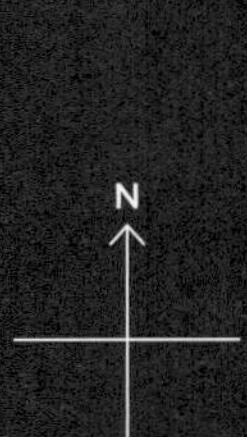

Wasmuth & Zohlen Verlag UG
Quedlinburger Straße 11
10589 Berlin
www.wasmuth-verlag.de

Graphic Design and Typesetting,
Production Management: Thomas Schmid,
Christiane Hemmerich Konzeption und Gestaltung
Copy Editing: Sigrid Hauser, Geoffrey Steinherz
Art Work: Repromayer GmbH & Co. KG, Reutlingen
Printing and Binding: Grafisches Centrum Cuno
GmbH & Co. KG, Calbe

The *Deutsche Nationalbibliothek* holds a record of this publication in the *Deutsche Nationalbibliografie*; detailed bibliographical data can be found under: http.//www.dnb.de

ISBN 978-3-8030-0838-1

Printed in Germany